ココミル
cocomiru

湯布院 別府
阿蘇 黑川溫泉

創造一次美好的
旅遊回憶♪

 在豐沛大自然的環繞下
享受愜意的溫泉之旅

在魅力無窮的溫泉度假地—湯布院，
下榻以體貼服務見長的知名旅館，
悠閒度過專屬於自己的特別時光。
於瀰漫溫泉懷舊風情的別府，
不妨試著上街造訪新的藝術景點。
到黑川來趟泡湯巡禮、體驗開放感十足的露天浴池，
於名湯齊聚的這個地區，徹底享受溫泉之旅。

左上：茶房 天井棧敷（P21）　下：鞠智的果醬（P42）、まるしょう的手巾（P93）　右上：櫻花與油菜花交織的湯布院之春（P18）　中：匙屋的便當湯匙（P55）、アトリエときデザイン研究所的深盤等（P38）、HOMME BLUE CAFÉ的筷架（P21）　下：白煙繚繞的別府（P58）、持泡湯憑證即可享受純泡湯樂趣的黑川溫泉（P84）

✠ 湯布院 ✠

盡享鄉間的安閑自在
與名宿的周到服務

上：金鱗湖的朝霧（P22） 中：箸屋一膳的原創筷袋（P38）、由布院 玉の湯的料理（P46）
下：山莊無量塔的客室浴池（P47）、由布院 玉の湯的咖啡廳ティールームニコル（P34）

4

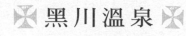

✠ 黑川溫泉 ✠

踩著木屐喀噠喀噠
隨意漫步泡湯去

✠ 別府 ✠ 體驗藝術與復古融合的
新Beppu

湯布院是什麼樣的地方？

坐落於由布岳山麓的
美麗溫泉度假勝地

擁有豐富自然景色的溫泉，除了三大名宿之稱的人氣旅館外，還有許多以服務周到見長的溫泉旅館。金鱗湖等大多景點都位於旅遊起點JR由布院站的徒步圈內，可輕鬆體驗溫泉、美食、購物的樂趣。同時也是著名的藝術小鎮，很推薦來趟美術館巡禮(☞P20)。

在由布院站內也能輕鬆欣賞藝術

湯布院的象徵—由布岳的風景，
能感受四季更迭之美。

什麼季節最美？

旅遊旺季為秋天～冬天
春天～新綠時節也不容錯過

身為溫泉地，秋天～冬天為熱門旅遊季節。秋天可觀賞紅葉，冬天能看到金鱗湖晨霧的機率也比較高。由於時值旺季，預約也要趁早。從油菜花和櫻花美麗綻放的春天到新綠季節也很推薦，若想悠閒享受就選擇黃金週過後。5月下旬～6月上旬還有螢火蟲出沒。

造訪湯布院、別府、黑川、阿蘇
前的必備旅遊知識

九州最具代表的人氣觀光地—湯布院、別府、黑川、阿蘇。
先掌握基本的湯布院，再Check＋想多遊玩的地區！
行前溫習好相關資訊，即可盡情享受旅遊樂趣。

湯布院該怎麼去？

大分機場搭巴士1小時之內可到 從福岡也有可搭乘的交通工具

前往湯布院可由大分機場搭機場連絡巴士，約需55分。從福岡機場可搭直達的高速巴士「ゆふいん号」，約需1小時39分。從關西搭新幹線のぞみ等車班過來時，可在小倉站搭JR日豐本線到大分站，再從大分站轉搭JR久大本線往由布院站（☞P110）。

從博多站和別府站過來也可搭乘觀光特級「ゆふいんの森」（☞P19）

溫泉湧出量日本第一，隨處可見煙霧裊裊景象的別府（☞P58）

從湯布院到別府、黑川、阿蘇要花多少時間？

交通方式都是巴士 搭巴士到別府約需50分

湯布院到各地區的移動手段以巴士為主。若以大分機場為起點，由於會先經過別府，所以從機場出來後先到別府逛逛再前往湯布院也行。到黑川溫泉搭巴士約需1小時35分，到阿蘇搭巴士也需2小時20分左右。在阿蘇若要玩得盡興，租車比較方便（☞P110～113）

要安排待幾天呢？

湯布院～別府～黑川3天2夜 若時間充裕再前往阿蘇兜風

只逛湯布院就安排2天1夜，包含別府和黑川在內就需要3天2夜。周遊的話也可考慮從大分機場IN，以4天3夜遊逛別府～湯布院和黑川～阿蘇，最後由熊本機場OUT（☞P12）的方式。別府的藝術和漫步溫泉街（☞P58）、黑川的露天浴池巡禮（☞P84）、阿蘇的絕景兜風之旅（☞P102）都很有人氣。

在阿蘇感受絕景兜風之樂

第一次去湯布院要逛哪兒？

在三大名宿體驗奢華
以及享受恣意漫遊的樂趣

首先前往三大名宿（☞P46），即使沒有入住也能在咖啡廳和餐廳、酒吧等公共區域感受溫暖的接待服務。到伴手禮店比鄰而立的湯之坪街道（☞P24）和金鱗湖周邊（☞P22）散步，隨心所欲到各店家逛逛也很有意思。

亀の井別荘（☞P47）
內的茶房 天井棧敷
（☞P21）

在カフェ・ラ・リューシュ
（☞P23）小憩片刻

有Assorti（☞P23）等
極具魅力的店家散布其間

從露天浴池可一望
由布岳的柚富の郷
彩岳館（☞P49）

能吃到當地嚴選食材
料理的草庵秋桜
（☞P50）

湯布院的旅館
有哪些類型？

以絕佳視野自豪到美食取勝的
旅館皆有溫泉是最基本的配備

除了三大名宿外，還有遼闊開放感的露天浴池受到好評的旅館（☞P48）、以能品嘗湯布院鮮蔬等當地時節料理自豪的旅館（☞P50）、可輕鬆投宿的B&B旅館（☞P52）等多樣化選擇。幾乎所有的旅館都有附溫泉，不愧是源泉數名列全國第二的湯布院。

湯布院不可錯過的美味是？

必嘗湯布院鮮蔬和豐後牛
旅館或餐廳都吃得到

盆地冷暖溫差培育出鮮嫩欲滴口感的湯布院鮮蔬（☞P32）、大分引以為傲的銘柄牛豐後牛（☞P30）和土雞等美食，夏天還有香魚之類的淡水魚。在多家堅持地產地銷理念的旅館以及於各旅宿修業後獨立的料理人所開設的餐廳，都能品嘗到高水準的料理。

於湯布院周邊地區採收的湯布院鮮蔬（☞P32）

由布まぶし心的豐後牛
まぶし（☞P30）

以季節時蔬為主的和食もみじ
（☞P30）迷你懷石

可於龜の井別莊（☞P47）
的鍵屋（☞P38）購得的原創包

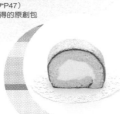

ゆふふ由布院站前本店的
湯布院雞蛋蛋糕捲
（☞P40）

伴手禮要選什麼好？

蛋糕捲是熱門首選
品味獨到的雜貨也不錯

以B-speak（☞P40）為首、許多甜點店都會推出自家的招牌蛋糕捲，其中有些還是蛋糕捲專門店。於充滿大自然的湯布院當地所製作的手工藝雜貨，也是必買的商品之一。在鍵屋（☞P38）、由布院市（☞P38）之類旅宿附設的伴手禮店能買到手的旅館原創商品，也很受歡迎。

湯布院、別府、黑川、阿蘇是什麼樣的地方？

擁有湯布院、別府等國內最大規模的溫泉地。黑川的露天浴池巡禮和阿蘇的壯觀自然景色都很有魅力。

 先記住橫跨大分縣、熊本縣的4個觀光區域

九州屈指的人氣溫泉地。位於九州中央部的東北，湯布院、黑川、阿蘇都地處山間的大自然中，別府則可邊欣賞海景邊享受溫泉。若想來趟魅力無窮的溫泉之旅就選湯布院或黑川，要感受懷舊溫泉氛圍的話去別府，想親近清新的大自然就前往阿蘇。

 可配合行程選擇旅遊起點的3個機場

離湯布院、別府最近的是大分機場，但選擇飛機航班較多的福岡機場、順便搭配福岡觀光的組合也是選項之一。若行程有安排到阿蘇的話，回程也可利用熊本機場。觀光地之間的交通，以連結別府～湯布院～黑川～阿蘇～熊本市內的九州橫斷巴士(☞P111)最方便。

…P18

ゆふいん
湯布院 ①

優質的接待服務與豐富的大自然完美結合，吸引全國各地的觀光客來訪。

▲主街的湯之坪街道

▲由山荘無量塔經營的
B-speak(☞P40)蛋糕捲

計劃 MAP

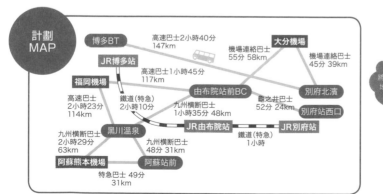

博多BT　高速巴士2小時40分 147km　大分機場

JR博多站　機場連絡巴士 55分 58km　機場連絡巴士 45分 39km

福岡機場　高速巴士1小時45分 117km

高速巴士 2小時23分 114km　鐵道(特急) 2小時10分　由布院站前BC　龜之井巴士 52分 24km　別府北濱

九州橫斷巴士 1小時35分 48km　別府站西口

黑川溫泉　九州橫斷巴士 48分 31km　JR由布院站　鐵道(特急) 1小時　JR別府站

九州橫斷巴士 2小時29分 63km

阿蘇熊本機場　阿蘇站前

特急巴士 49分 31km

將九州的觀光地周遊一圈！

▲別府的象徵—竹瓦溫泉(☞P66)

◀可在ふくろく(☞P92)
發現的可愛伴手禮

べっぷ
別府 ②

…P58

溫泉湧出量、源泉數皆為日本第一的溫泉天國，溫泉蒸料理和藝術景點也很吸引人目光。

▲旅館わかば(☞P88)的露天浴池也能使用泡湯憑證

くろかわ・おぐにごう
黑川・小國鄉 ③

…P84

使用泡湯憑證即可到處享受露天浴池的黑川溫泉。小國鄉有幾條小巧的溫泉街，很適合想要安靜泡湯的人。

▲約1500萬年前誕生的阿蘇當地最新的噴火口—米塚 (☞P102)

あそ
阿蘇 ④

…P102

擁有世界最大規模的破火山口，綿綿相連的雄偉壯觀景色。還能見到日本第一的活火山絕景。

還有還有！充滿魅力的地區

ゆのひらおんせん
湯平溫泉

☞P56

有湯布院後花園之稱的小溫泉街。相傳於江戶後期鋪設的石坂路，讓人留下深刻印象。

ながゆおんせん
長湯溫泉

☞P82

湧出世界屈指高濃度碳酸泉的汽水溫泉(照片)極具人氣，年間約吸引10萬人來訪。

せのもとこうげん
瀨之本高原

☞P100

星野リゾート 界 阿蘇(照片)以及スパ・グリネス、オーベルジュア・マ・ファソン等設施聚集的高原度假勝地。

出發～!

10:30 別府站

從大分機場搭利木津巴士機場特級エアライナー到JR別府站約需45分。

11:00 竹瓦溫泉

自明治時代以來就受到市民愛戴的市內溫泉，已成為別府的象徵地標（☞P66）。

12:00 地獄巡禮

海地獄和灶地獄等共計8處的地獄是大分屈指的觀光景點（☞P60）。

只有這兒才吃得到

已有50年多年歷史的海地獄名物極樂饅頭是以溫泉蒸熟的手作點心。

午餐就吃別府名物

12:45 地獄蒸し工房 鉄輪

利用溫泉蒸氣熱度的蒸料理既健康又能帶出食材的鮮甜（☞P61）。

Platform04
14:00 SELECT BEPPU

別府市內正在推行藝術計畫，不妨上街感受一下藝術氣息吧（☞P65、75）。

16:00 由布院站

在別府站也別忘了採買別府伴手禮（☞P76）。搭龜之井巴士到由布院站約需50分。

享受隨意漫步的樂趣

遊逛從湯布院的老鋪到新開店家都有的湯之坪街道（☞P24）。

在道地的酒吧喝一杯

早安!

17:00 湯布院的旅館

入住從客房、露天浴池和餐廳等處能眺望由布岳絕景的舒適旅館（☞P48）。

21:00 Bar Stir

在瀰漫著悠閒氣氛的酒吧享受專屬於大人的夜晚時光（☞P37）。

8:00 金鱗湖

在旅館用過美味早餐後就一路散步到空氣清澄的金鱗湖（☞P22）。

8:30 Grand'ma & Grand'pa

穿越兩旁有美麗田園風景的小路後，出現在眼前的麵包店就是每天都會銷售一空的人氣名店（☞P41）。

3天2夜的極上
別府～湯布院～黑川溫泉之旅

在溫泉王國九州中以名湯著稱的別府、湯布院、黑川盡情享受泡湯之樂。
四季繽紛色彩的絕景以及當地才能品嘗到的時令美味等，
以五感體驗大自然的能量，盡情享受療癒時光。

搭辻馬車
遊逛一圈

給自己的伴手禮！

9:00 宇奈岐日女神社

從由布院站搭觀光辻馬車（☞P19）前往湯布院的能量景點（☞P44）。

10:00 出租自行車

湯布院多為平地，所以也很推薦利用電動自行車當移動手段（☞P19）。

10:30 箸屋一膳

樣式豐富的木製手作筷子很適合當伴手禮送人。能親自動手做的製筷體驗也很值得嘗試看看（☞P39）。

12:00 茶寮かすみ草

位於以料理自豪的旅館一草庵秋桜（☞P50）內，能品嘗以當令食材烹調的午餐（☞P29）。

13:00 鍵屋

眾多原創商品羅列，讓人猶豫不知該選哪一樣（☞P38、43）。

13:30 茶房 天井棧敷

邊品味人氣招牌甜點モンユフ邊慢慢享受咖啡時光（☞P21）。

搭九州橫斷巴士
前往黑川溫泉

搭巴士到黑川溫泉約需1小時35分。抵達後先去夙之舍（☞P87）索取溫泉街地圖。

17:00 黑川溫泉

狹小區域內溫泉旅館一間接著一間，也有許多個性派的露天浴池，是一個極具風情的溫泉地（☞P86）。

| 第3天 |

到退房前都還能
穿著浴衣到處泡湯

也不可錯過從車
窗望出去的絕景

8:30 溫泉巡禮

買好可利用3家旅館露天浴池的泡湯憑證（☞P86）後，就出發泡湯吧。

用餐 12:00 山ぼうし

旅館主廚親自調理出費時費工的極品咖哩。（☞P90）。

白玉っ子 14:00 甘味茶屋

邊吃著口感鬆軟的白玉湯圓甜點邊聊聊旅途中的美好回憶吧（☞P91）。

阿蘇 18:00 熊本機場

從黑川溫泉搭九州橫斷巴士約需2小時30分，可由車窗欣賞阿蘇的風光。

若時間充裕
請務必

多住1天盡情遊逛阿蘇

繞行雄偉景色的絕景兜風

一整片的牧草地宛如綠色地毯般的阿蘇。若要感受這幅壯觀的景致，則推薦阿蘇全景線的兜風之旅（☞P104）。

在森林微風輕拂的露天座喝杯茶

田園風景間散布著許多精美別致的咖啡廳，可在溫馨、舒適的店內品嘗使用阿蘇當地食材製作的甜點（☞P106）。

叩叩日本 ✛
cocomiru ココミル

阿蘇 黑川溫泉 湯布院 別府

Contents

下榻名宿當作是犒賞自己吧

連旅館的公共空間也很別致

城市的象徵―由布岳的雄姿

品嘗湯布院鮮蔬的慢食料理

以熱鬧的湯之坪街道為玄關口

質樸溫和的風味與湯布院氣質
相若的點心

讓人神清氣爽的金鱗湖漫步趣

打聲招呼道早安！

也以藝術小鎮著稱聞名

在咖啡廳小歇片刻…

首先到憧憬的湯布院
盡享溫泉度假地的樂趣

由布院溫泉具有全國性的知名度，是日本人想要造訪的溫泉地。

往昔，年輕的旅館主人遠赴德國，學習打造理想街區的方式，

進而營造出了可以從內心徹底放鬆休憩的溫泉地街區。

那就來體驗一下這種只在湯布院能感受到的頂級溫泉度假區吧。

若第一次造訪就來這兒！
湯布院2天1夜行程

先搭觀光辻馬車繞行一圈，接著享用午餐～鳥越～湯之坪街道散步，充分遊逛後再前往旅宿。隔天一早到金鱗湖來趟清晨漫步，再悠閒地享受旅宿服務直至退房。

第1天	● 大分機場	START
	55分 由布院站前巴士中心	
11:00	觀光辻馬車	
	50分	
12:00	湯の岳庵 …P28	
	車程7分	

鳥越

13:30	artegio …P26
	步行3分
14:30	Tan's bar …P27
	車程7分

湯之坪街道周邊

15:30	ジャム工房kotokotoya …P25
	步行2分
16:00	鞠智 …P42
	步行3分
16:30	由布院 玉の湯 … …P46

第2天		早安！
8:20	由布院 玉の湯 …P46	
	步行10分	

金鱗湖周邊

8:30	金鱗湖 …P22
	步行即到
10:00	鍵屋 …P38、43
	步行15分
11:30	和食もみじ …P30
	步行5分
14:00	B-speak …P40
	步行5分
15:00	● 由布院站前巴士中心
	55分
	● 大分機場 GOAL

只需稍微遠離熱鬧的街道就能近距離感受大自然也是魅力之一

一生要來一次、
令人憧憬的溫泉勝地

湯布院

ゆふいん

在可一望由布岳的豐沛自然環境中，提供舒適服務的小旅宿散落其間。溫泉也屬上乘之選，源泉數量僅次於別府位居全國第二。還能品嘗以湯布院鮮蔬為食材的料理等精緻美食。

充滿少女情懷的伴手禮
讓人忍不住想買回家自用

湯布院就在這裡！

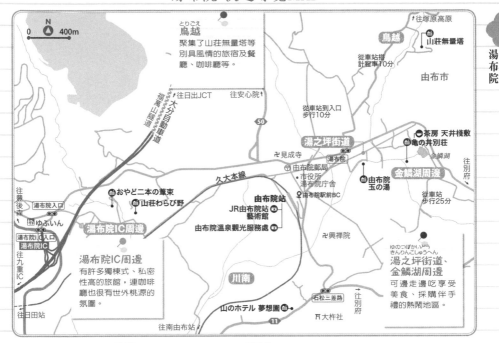

湯布院

鳥越 とりごえ
聚集了山莊無量塔等別具風情的旅宿及餐廳、咖啡廳等。

往塚原高原

鳥越　山荘 無量塔

從車站搭計程車10分

由布市

0　400m N

往日出JCT　往安心院↑

大分自動車道
福萬山隧道

50

從車站到入口步行10分

湯之坪街道

卍見成寺

🏣由布院郵局

久大本線

🏛市役所
湯布院庁舎

茶房 天井棧敷
亀の井別荘
金鱗湖

金鱗湖周邊

往別府→

往興後森

🏨おやど二本の葦束
🏨山荘わらび野

湯布院入口
ゆふいん
湯布院入口
湯布院IC
往九重IC

湯布院IC周邊

由布院站
JR由布院站藝術館
由布院溫泉觀光服務處

由布院駅前BC

由布院玉の湯

從車站步行25分

卍興禅院

湯之坪街道、金鱗湖周邊
ゆのつぼかいどう・きんりんこしゅうへん
可邊走邊吃享受美食、採購伴手禮的熱鬧地區。

湯布院IC周邊
有許多獨棟式、私密性高的旅館，連咖啡廳也很有世外桃源的氛圍。

川南

往田原站

往南由布站

山のホテル 夢想園

石松三差路

往別府↑

11

大杵社

方便又愜意♪

以由布院站為起訖點的有趣交通工具

利用能感受田園風光的「觀光辻馬車」、繞行由布院一周的英國復古巴士「スカーボロ」或是可恣意騎乘遊逛的「出租自行車」，就能讓行動範圍大大地增加。皆於由布院車站內的觀光服務處報名。
MAP P118B2
DATA
觀光辻馬車🚆乘車1600日圓、スカーボロ🚆乘車1350日圓、出租自行車🚆第1個小時250日圓～

◀伴隨輕快嗒嗒馬蹄聲的觀光辻馬車

前往博多、別府！

觀光特級「ゆふいんの森」

大量使用木材、充滿高級感的內裝，以及能享用湯布院美食的自助餐等受到歡迎的JR九州觀光特級「ゆふいんの森」。連結博多～由布院～別府，所需時間博多～由布院2小時10分、由布院～別府1小時，全車均為指定席。
☎050-3786-1717(JR九州服務中心)

▲傳統的深綠色車體

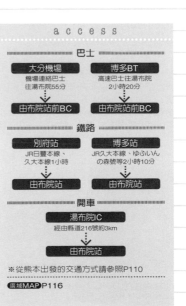

a c c e s s

━━ 巴士 ━━

大分機場	博多BT
機場連絡巴士往湯布院55分	高速巴士往湯布院2小時20分
↓	↓
由布院站前BC	由布院站前BC

━━ 鐵路 ━━

別府站	博多站
JR日豐本線、久大本線1小時	JR久大本線、ゆふいんの森號等2小時10分
↓	↓
由布院站	由布院站

━━ 開車 ━━

湯布院IC
↓ 經由縣道216號約3km
由布院站

※從熊本出發的交通方式請參照P110

廣域MAP P116

豐富多元的美術館etc.
巡訪"藝術小鎮"湯布院

遊逛約需 **4小時**

藝廊與私人美術館等個性派藝術景點散佈的湯布院。
順道逛逛咖啡廳或雜貨屋，邊來趟悠閒寫意的藝術探索之旅吧！

①

▲為了避免沒搭上電車還精心設置了能看得見月台的窗戶

起點！

由布院站
じぇいあーるゆふいんえき あーとほーる
JR由布院站 藝術館

下車後立刻就能欣賞藝術

JR由布院站內的候車室兼藝廊，每個月都會更換展示公開甄選的作品。車站的設計出自磯崎新建築師之手，以禮拜堂為意象的候車室從天花板有自然光灑落進來。

▲摩登別緻的車站建築

☎0977-84-4678 住JR由布院站內 ⏰8時30分～19時 休無休 P無
MAP P118B2

②

湯布院南
ゆふいんすてんどぐらすびじゅつかん
由布院彩繪玻璃美術館

置身於夢幻光影環繞的空間

展示19～20世紀彩繪玻璃作品的美術館。包括陳列歐洲珍書古董彩繪玻璃的尼爾館，以及使用約150年前彩繪玻璃裝飾而成的聖羅伯特教堂。

☎0977-84-5575 住由布市湯布院町川上2461-3 ¥門票1000日圓 ⏰9～18時(入館～17時30分) 休無休 交JR由布院站步行15分 P30輛 MAP P118C3

步行15分

▶依光線射入的角度而有不同表情的教堂內部
▲建築物採用英國磚瓦砌成
◀還能見到新藝術風格最具代表性之工藝家Émile Gallé的燈具作品

3 金鱗湖周邊
さぼう てんじょうさじき

茶房 天井棧敷

享受慢慢流逝的時光

位於龜的井別莊（☞P47）腹地內的茶館。厚重風格的室內流瀉著莊嚴的格雷果聖歌，時間彷彿也緩慢了下來。夜間則變身成Bar山貓（☞P37）營業。

☎0977-85-2866 **住**由布市湯布院町川上2633-1 **⊙**9～18時（酒吧19～24時）**休**無休（酒吧週三休）**交**JR由布院站車程7分 **P**30輛 **MAP**P119D3

◀使用丹麥產奶油乳酪製作的招牌甜點モンユフ514日圓

▲紙張不足的戰時曾在各種生活用品黏上貼畫

▲窗外可一望綠意盎然的中庭

步行5分

步行11分

湯之坪街道 **終點！**
おむ ぶるー かふぇ

HOMME BLUE CAFÉ

有溫度的手工藝雜貨

販售當地手工藝作家的陶器、配飾等商品的雜貨屋，說不定能找到別處沒有的中意款式。

☎0977-84-5878 **住**由布市湯布院町川上1535-2 **⊙**11～17時 **休**不定休 **交**JR由布院站步行12分 **P**無 **MAP**P119D2

▲湯之坪街道上充滿自然風格的店面

還有美術館商品！

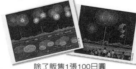

除了販售1張100日圓的特製風景明信片外還有其他許多商品

步行3分

▲漂亮的粉彩色盤1個1944日圓

▲筷架1個432日圓

原畫は後方 左へ

4 湯之坪街道
ゆふいんゆめびじゅつかん
やましたきよしげんがてん

湯布院"夢"美術館
山下清原畫展

豐富感性的片刻時光

山下清活躍於昭和初期到戰後並有流浪天才畫家之稱，美術館內共展示了100幅以上的原畫。可沉浸在色彩鮮明、溫和質樸氛圍的山下清世界。

☎0977-85-2377 **住**由布市湯布院町川上1479-1 **¥**門票600日圓、中小學生400日圓 **⊙**9～17時 **休**無休 **交**JR由布院站步行15分 **P**無 **MAP**P119D2

▲在售票處迎接來訪者的山下清人偶

 湯布院的市區多為平地，所以很推薦騎自行車閒逛。提供附電動馬達的出租自行車（☞P19）也很受歡迎

在幽靜的金鱗湖畔
享受悠然愜意的晨光漫步

遊逛約需 **3小時**

早晨的金鱗湖，和煦的陽光照在水面上閃爍波光、四周瀰漫著清澄的空氣。
一天的開始，就來趟能感受清新氣息的晨光漫步吧。

▼晴朗好天氣時映照在湖面上的景色也相當優美

晨霧冉冉的
夢幻光景▶

きんりんこ
① 金鱗湖

四季更送美不勝收
湯布院的療癒景點

湯布院最具代表性的名勝景點，據說是湖裡的魚兒在夕陽下鱗片被映照成金黃色的模樣而得此名。從湖底還罕見地湧出溫泉和清水，秋～冬天的清晨湖面會壟罩在霧氣之中，形成一幅如夢似幻的畫面。在綠樹環繞的金鱗湖，能欣賞春天到夏天的新綠、秋天的紅葉、冬天的雪景，隨著季節變遷感受不同的美景。

▲湖畔設有環繞
一周約400m的步道

☎0977-84-3111（由布市商工觀光課）⏺由布市湯布院町川上1561-1 🔶🔴休自由參觀 🚶JR由布院站步行21分 🅿無 🅼🅰🅿P119D3

往湯之坪街道
菓匠 花より ⑤

往湯之坪街道

往螢見橋

旅亭 田乃倉

Assorti ④

CREEKS.金鱗湖出張所 ③

🏠亀の井別荘 P.47
🍴湯の岳庵 P.28

下ん湯

① 金鱗湖

夏卡爾湯布院金鱗湖美術館
カフェ・ラ・リューシュ ②
夏卡爾美術館 MUSEUM P.39

天祖神社

0 50m

往山並高速公路

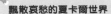

飄散哀愁的夏卡爾世界

「夏卡爾湯布院金鱗湖美術館」中，展示著夏卡爾以馬戲團為主題的作品。門票600日圓，售票時間9～17時。

☎0977-28-8500 (MAP) P119D3

▼還附自家製果醬優格的晨光盤餐1080日圓

▲由人氣插畫家西淑所描繪的原創明信片各216日圓

步行即到

くりーくすきんりんこしゅっちょうじょ

3 CREEKS. 金鱗湖出張所

販售與音樂相關的雜貨&甜點

以 "與音樂風景相襯之物" 為概念，除了北歐雜貨、書籍、CD和服飾類等商品外，也販售使用無農藥素材製作的甜點。

☎090-4981-5210 (住)由布市湯布院町川上1592-1 (時)10～17時（週日、假日9時～）(休)不定休 (交)JR由布院站步行20分 (P)無 (MAP)P119D3

▲骨董髮簪，上864日圓、下700日圓

▼巴黎奇蹟之金幣聖母院的墜飾各1950日圓

▲能一望金鱗湖的露天座很受歡迎，要搶位請趁早

かふぇ・ら・りゅーしゅ

2 カフェ・ラ・リューシュ

露天座位享用的優雅早餐

附設於夏卡爾湯布院金鱗湖美術館內。早餐972日圓～，有晨光盤餐、司康套餐、丹麥吐司套餐等選項。

☎0977-28-8500 (住)由布市湯布院町川上岳本1592-1 (時)9～17時LO（週日、假日7時～，早餐～10時30分）(休)不定休 (交)JR由布院站步行20分 (P)7輛 (MAP)P119D3

步行即到

あそるてい

4 Assorti

浪漫少女風格的空間

陳列著從海外選購而來的骨董雜貨以及蕾絲、亞麻衣物等的雜貨屋。很多商品都只有單件，來店裡尋寶也很有意思。

☎0977-84-3709 (住)由布市湯布院町川上1608 (時)10～17時 (休)不定休 (交)JR由布院站步行18分 (P)無 (MAP)P119D3

▲還有自國內外選購的公平交易商品

步行1分

かしょう はなより

5 菓匠 花より

以各種季節口味的糰子著稱

由和菓子職人的店主精心熬煮的自家製新鮮內餡，相當值得推薦。彈牙口感的糰子除了基本的砂糖醬油外，還會推出藍莓、柚子胡椒等季節限定的口味。

☎0977-85-2410 (住)由布市湯布院町川上1488-1 (時)9時30分～日落 (休)不定休 (交)JR由布院站步行17分 (P)無 (MAP)P119D2

▲也可在店內享用和菓子套餐（附飲料500日圓）

▲糰子1串120日圓～

◀湯外皮鬆軟濕潤的銅鑼燒1個150日圓

 金鱗湖的晨霧其實是含溫泉成份的湖水蒸發之物，可於秋天到冬天的早上6～8時左右看到。

在湯之坪街道遇見
溫和風味的自然派甜點

從JR由布院站往金鱗湖方向的湯之坪街道閒逛，也是造訪湯布院的樂趣。
還可一路尋找美味與健康兼備的精緻甜點。

1 由布院 ROLL SHOP
ゆふいん ろーるしょっぷ

就在車站附近外帶回家也很方便

販售現做現烤的蛋糕，使用大分縣產的雞蛋、北海道純鮮奶油和高級可可豆等優質食材。

☎0977-84-5003 ⊞由布院市湯布院町川北2-8 ⏰9時30分～18時 ⊗無休 ⊛JR由布院站步行即到 ⓟ無 ⓂⒶⓅP118B2

照片左為原味蛋糕捲、右為巧克力蛋糕捲，每條各1300日圓

鮮奶油吃起來也很輕柔滑順

B-speak
(☞P40·42)

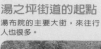

湯之坪街道的起點
湯布院的主要大街，來往行人也很多。

湯布院布丁澲1個360日圓～、會不時推出高級香草、香草、咖啡、卡士達等不同口味

2 YURARI
ゆらり

使用奢侈的極品食材

為了保持鮮度全部選用大分縣產食材的無添加甜點，除了以受精蛋製作的布丁外還有乳酪蛋糕。

☎0977-28-8111 ⊞由布院市湯布院町川北5-6 ⏰9時30分～17時30分（售完為止）⊗不定休 ⊛JR由布院站步行即到 ⓟ無 ⓂⒶⓅP118B2

清爽俐落的餘味

3 由布見通

1

站前通

2

包裝也很可愛！

健康美味彈牙可口

JR由布院站

3 nicoドーナツ
にこどーなつ

黃豆甜甜圈

以國產雜糧和由布市產的黃豆整顆磨成糊狀揉進麵糰製成，簡單風味的甜甜圈吃起來又酥又Q。

☎0977-84-2419 ⊞由布市湯布院町川上3056-13 ⏰10～17時 ⊗不定休 ⊛JR由布院站步行3分 ⓟ6輛 ⓂⒶⓅP118B2

照片由左至右依序為原味150日圓、蜂蜜酸桔190日圓、巧克力210日圓

4 ジャム工房kotokotoya
じゃむこうぼうことことや

完全不添加香料和色素

為完整封存水果本身的香氣和風味，以慢火熬煮製成的手作果醬。不論塗在吐司上，還是加優格一起吃都很對味。
☎0977-85-2203 住由布市湯布院町川上3037
⏰10～18時 休週二（旺季時無休）交JR由布院站步行8分 P無 MAP P118C2

含豐富果粒

照片由上至下分別為莓香果醬700日圓、柚子柑橘果醬650日圓、奇異果果醬650日圓，均為125g的小瓶裝

飄散下町風情的熱鬧橫丁

「湯之坪橫丁」內有14家伴手禮店和用餐處，皆提供湯之院的四季時令食材與相關產品。位於湯之坪街道旁，也是方便的會合場所。
☎0977-28-2215 MAP P119D2

5 花麴菊家
はなこうじきくや

老鋪和菓子店的湯布院銘菓

位於湯之坪橫丁內。使用由布山系優質好水製作的布丁銅鑼燒，是湯布院的招牌伴手禮。
☎0977-28-2215 住由布市湯布院町川上1524-1 ⏰9～18時 休無休 交JR由布院站步行13分 P40輛（付費）MAP P119D2

口感鬆軟

布丁銅鑼燒1個173日圓

湯之坪街道

6 LINGON cookies&gallery
りんごん
くっきーずあんどぎゃらりー

風味樸實

手作的粗糙感反而很有型

含大量奶油的麵糊搭配堅果、果乾烘焙而成的酥脆餅乾，隨時備有20種左右的口味。秋～冬天還會推出巧克力醬餅乾。
☎0977-84-4968 住由布市湯布院町川上1510-7 ⏰10～17時 休週三不定休（遇假日照常營業）交JR由布院站步行14分 P無 MAP P119D2

▶one week cookie 900日圓

▲手繪的包裝袋也很可愛。從左上順時針依序為山核桃120日圓、香蕉厚片230日圓、生薑黑可可2片裝150日圓

至 金鱗湖

7 風紋
ふうもん

會依季節變化花色

清爽的柚子風味

使用久住高原的土雞蛋和嚴選國產麵粉，再將大分縣產的柚子揉進麵糰所製成的年輪蛋糕為該店名產。
☎0977-84-5501 住由布市湯布院町川上1510-2 ⏰9時30分～17時30分（週日、假日9時～）休無休 交JR由布院站步行14分 P無 MAP P119D2

鮮菓羊羹、鮮菓優格果凍各300日圓，也很有人氣

質地濕潤

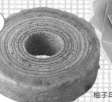

柚子年輪蛋糕900日圓

 從JR由布院站到住宿旅館的行李托運服務「ゆふいんチッキ」相當方便，1件500日圓～（MAP P118 B2）。

在綠意與寂靜壟罩下的鳥越
來趟優雅的大人散步

遊逛約需
3小時

鳥越地區群樹環繞、陽光從枝葉間篩落，就彷彿與自然共生般的優雅空間。
邊聽著微風拂過樹稍的沙沙聲響，邊享受充滿韻味的大人時光吧。

往JR由布院站 往塚原高原
617
50m

ゆふいん庄屋の館
P.49

湯之坪川

オーベルジュ樣屋

❶ artegio
❷ théomurata
● thé théoP.35

わたくし美術館

● Murata不量庵
P.44
● 山莊無量塔 P.47

オーベルジュ・
ムスタッシュ
❸
❹ 匠舗蔵拙
● Tan's bar
P.27

❶
あるてじお
artegio

舒適音樂療癒身心的美麗空間

展示樂器裝飾品、作曲家約翰・凱吉的繪畫等以音樂為主題的作品。後方置有沙發座與擺列音樂相關書籍的書架，可自由閱覽。

☎0977-28-8686 🏠由布市湯布院町川上1272-175 🎫門票600日圓 🕙10～17時 🈺一年2次不定休 🚏JR由布院站車程11分 🅿20輛 **MAP**P119F1

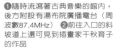

步行
即到

▶内夾巧克力甘納許的馬卡龍7個裝1030日圓

❶隨時流瀉著古典音樂的館内，後方附設有湯布院廣播電台（周波數87.4MHz）❷前往入口的斜坡道上還可見到插畫家千秋育子的作品

❷
ておむらた
théomurata

品嘗風味芳醇的巧克力

artegio附設的巧克力店，羅列著茶葉巧克力和馬卡龍等約20種類大人口味的巧克力甜點。

☎0977-28-8686 🏠由布市湯布院町川上1272-175 🕙10～17時 🈺一年2次不定休 🚏JR由布院站車程11分 🅿20輛 **MAP**P119F1

商品陳列井然有序的店内▶

在這兒享用午餐

◀森林午餐1890日圓，主餐可選擇豬肉或虹鱒料理 ▼住宿1晚附2餐1萬5300日圓～

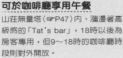

可於咖啡廳享用午餐

山莊無量塔（☞P47）内、瀰漫著高級感的「Tat's bar」，18時以後為房客專用，但9～18時的咖啡廳時段則對外開放。

☎0977-84-5000 MAP P119F1

步行4分

4 匠舖蔵拙
しょうほぞうせつ

獨創美學的嚴選商品

山莊無量塔（☞P47）内的選貨店。陳列著從特製食品到手工藝品等，光看就很賞心悅目的優質商品。

☎0977-28-4500 住由布市湯布院町川上1264-2 ⏰8時30分～19時 休一年2次不定休 交JR由布院站車程10分 P20輛 MAP P119F1

3 オーベルジュ・ムスタッシュ
おーべるじゅ・むすたっしゅ

燻製的香氣引人食指大動

以當令食材烹調的獨創料理和石窯披薩為招牌的餐廳。培根等也都是使用燻製窯自家煙燻製成，保證無添加物。

☎0977-84-5155 住由布市湯布院町川上1264-7 ⏰11時30分～20時LO 休週一（逢假日則翌日） 交JR由布院站車程9分 P5輛 MAP P119F1

▶飄散著現代和風的氛圍
▼顆粒芥末醬1080日圓，照片由左至右依序為柚子胡椒、原味、羅勒3種口味

步行8分

步行3分

竹聲館
ちくせいかん

兼具韌性與美感的竹工藝品

由竹工藝家高見八州洋經營的竹工房＆藝廊。除了竹筆、竹藍外，結合傳統職人技藝與新世代感性風格的新作品也很吸睛。

☎0977-84-7414 住由布市湯布院町川上2955-29 ⏰10～17時 休週三休 交JR由布院站車程8分 P3輛 MAP P118B2

❶也有竹燈和花藍等妝點生活空間的室內擺飾 ❷以牛皮和竹子搭配的竹藍包3萬2400日圓，是與設計師女兒夫妻備共同完成的作品 ❸用筆尖蘸墨水書寫的竹筆，照片上至下分別為1620日圓、1728日圓

JR由布院站附近、販賣和風古董的時代雜貨ギャラリー金次郎（MAP P118B2），也售有高見八州洋的手製竹筆。

料理人的精湛手藝
憧憬旅宿的小小奢華午餐

予人高級印象的旅宿，若選擇午餐時段即可輕鬆享用。
品嘗美味的同時，還能好好感受旅宿的待客之道。

湯の岳庵。除了桌椅
席外還有榻榻米座房

野飯
3086日圓
（午間限定）
有炙燒湯布院椎
茸及多道能吃出
食材原味的料
理，附甜點。

金鱗湖周邊　✳憧憬旅宿在這裡！
ゆのたけあん　龜の井別荘（☞P47）
湯の岳庵

著重季節感、以當地食材入菜

能盡情享受創作和食的餐廳，鮮蔬、
川魚、肉等食材均由主廚親自到農家
採購而來。午間套餐的「野飯」供應
至15時，因此較晚吃午餐也沒問題。
可2〜3人共享的鱉肉火鍋6480日圓
（需預約）也很推薦。
☎0977-84-2970 住由布市湯布院町川上26
33-1 ⏰11〜21時LO 休無休 ⊗JR由布院站
車程7分 P30輛 MAP P119D3

建築物為鋪著瓦片和茅葺屋頂的日式家屋。對面還有販售伴
手禮的鍵屋（☞P38、43）和茶房 天井棧敷（☞P21）等。

湯之坪街道周邊　✳憧憬旅宿在這裡！
すみびやき よしいち　別荘 今昔庵（☞P53）
炭火燒 吉一

自豪的自家製醬料是味道關鍵

地處靜謐的森林中，能享用在湯布院
附近健康飼養的赤雞和豐後牛的炭火
燒肉。由旅宿老闆以鮮蔬、水果等調
配出的特製醬料甜度適中、口感濃
郁，更加提升了肉質的風味。
☎0977-85-3031 住由布市湯布院町川上14
17 ⏰11時30分〜13時30分LO、17時30分
〜19時30分LO 休不定休 ⊗JR由布院站車
程7分 P20輛 MAP P119E2

用餐即可免費使用
露天家族浴池

豐後牛與赤雞的
炭火燒 3240日圓
（請至少於1天前預約）
除了炭火燒外還附炙燒土
雞、小鉢、沙拉等。赤雞
的炭火燒2700日圓。

牛箱便當
2150日圓
（午間限定）
特製醬汁香氣四
溢的上選和牛，
口感柔嫩。附小
鉢和味噌湯。

綠茵盎然的玄關，通道兩旁還
有盛開的季節花卉迎接著來客

湯之坪街道周邊
◇ 憧憬旅宿在這裡！
山紫御泊処 はなの舞（☞P53）

しゅんさいひなや
旬菜鄙屋
在舒適空間裡大啖上選和牛

店內設有暖爐，營造出沉穩的空間氛
圍。淋上以醬油為基底的醬汁、鋪著上
選和牛的牛箱便當是人氣首選，搭配山
葵泥等佐料一起吃味道更加爽口。豐後
牛沙朗的特選牛箱便當2850日圓。

☎0977-84-5700 由布市湯布院町川上27
55-2 11時30分～14時，夜間18時和19
時～2個時段（需預約）休不定休 交JR由布院
站步行15分 P10輛 MAP P118C2

湯布院南
◇ 憧憬旅宿在這裡！
名苑と名水の宿 梅園（☞P53）

えんじ
えんじ
隱身在林間的餐廳

佇立於青翠綠意間、外觀造型前衛的
酒吧餐廳。現摘湯布院鮮蔬、大分冠
地雞和久住黑豬的蒸籠炊等使用大分
縣產食材的健康料理，既豐富又多
樣。

☎0977-28-8290 由布市湯布院町川上
2106-10 111～15時LO、19時30分～
22時30分LO 休週二 交JR由布院站車程7
分 P100輛 MAP P118C4

湯咖哩
1458日圓（午間限定）
3款湯咖哩加上冠地雞和湯
布院鮮蔬的蒸籠炊，份量
飽滿。

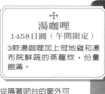

從隔著吧台的窗外可
一望草木扶疏的庭園

秋桜膳 1900日圓
（午間限定、需預約）
可享用前菜和生魚片沙拉、
翡翠饅頭等當令美味。

韻味十足的店家，春天
的新綠、秋天的紅葉都
很美。

金鱗湖周邊
◇ 憧憬旅宿在這裡！
草庵秋桜（☞P50）

さりょうかすみそう
茶寮かすみ草
品味食材本身的原始風味

每天早上從江藤農園（☞P32）進貨，
能吃得到現摘新鮮蔬菜的創作料理。
旅館的工作人員甚至還親自種米，並
以提供湯布院在地當令食材的料理自
傲。

☎0977-85-4567 由布市湯布院町川上
1500 12時～13時30分LO（晚餐為預約營
業）休週三、四 交JR由布院站車程15分
P13輛 MAP P119D2

📖 山のホテル夢想園（☞P48）內的「展望喫茶Ban Ban」（MAP P116B4），有一天只限定40個的名產手作布丁432日圓。

一點一滴地滲透身心
湯布院食材的慢食午餐

只需稍微遠離熱鬧的街道即可看到一整片農田的湯布院，是一座擁有美味食材的寶庫。
午餐就來品嘗湯布院鮮蔬（☞P32）等新鮮的在地好滋味吧！

以時令蔬菜和
鮮魚為主

✤
無菜單迷你懷石
（午餐限定、2名以上請至少
於1天前預約）3240日圓
糖漬湯布院番茄、鹽烤
鮎魚等季節料理羅列。

豐後牛的下面
即當地產的
由布院米

✤
豐後牛まぶし
2350日圓
鋪上滿滿的炙燒豐後牛
120g，附漬物和紅味噌
湯。最後再以柴魚高湯茶
泡飯做結尾

由布院站周邊
わしょくもみじ

和食もみじ

備料細心的正統派和食

由曾於龜の井別莊（☞P47）
和割烹等店家習藝的大谷久
夫掌廚，能享用以山珍海味
入菜「既簡單又健康」的料
理。午間為「和之膳」1404
日圓～、晚間是預約制的
「無菜單膳」3780日圓～。

☎0977-84-2070 🏠由布市湯布院
町川上2921-3 ⏰11時30分～13
時30分LO、17時30分～20時30
分LO 🛑週日（若週一逢假日則照常
營業，改週一休）🚃JR由布院站步
行3分 🅿無 MAP P118B2

1與料理同樣、擺設整潔的店內，除了桌椅席外還有鋪榻榻米的舒適包廂 2位於交通方便的JR由布院站附近

由布院站周邊
ゆふまぶししん

由布まぶし心

享用有著美好香氣的美味 "由布米"

主廚森政博曾在山莊無量塔
（☞P47）等處累積經驗，能
品嘗到富獨創性的料理。「豐
後牛まぶし」的白飯與豐後牛
吃起來味道很合搭！為了讓
客人吃到由布院米的美味，
所以點餐後才會開始炊煮。

☎0977-84-5825 🏠由布市湯布
院町川北5-3 2F ⏰11時～15時
30分LO、17時30分～20時LO
※售完為止 🛑週四、第3週三（逢
假日則照常營業）🚃JR由布院站
步行即到 🅿無 MAP P118B2

1使用土雞、豐軍雞與豐後牛的單品料理也很多樣，是相當推薦的
晚餐場所 22013年7月搬遷至從JR由布院站徒步即到的地點

外帶名店的
有機和風
甜點

「和食もみじ」售有使用無添加的車麩與優質和三盆糖的手作「麩脆餅」，2片裝150日圓。還有宇治抹茶、黑糖黃豆粉和雁會焙茶等口味。
☎0977-84-2070 MAP P118B2

由生產者直送的
新鮮食材

豐富多樣的
湯布院鮮蔬

✛
合わせ箱（山）
1944日圓
白飯上擺滿色彩鮮豔的湯布院鮮蔬、豐後牛及大分冠地雞的奢華午餐。

✛
生火腿
2000日圓
使用湯布院產的芝麻菜、生菜嫩葉和羅勒。※有時會因進貨食材的緣故而停售。

湯布院南
ゆふいん さんしょうろう

ゆふいん 山椒郎

與湯布院的季節相呼應的日本料理

出自湯布院料理研究會的代表、主導湯布院料理界的新江憲一之手，以當地的新鮮食材烹調出充滿四季風情的日本料理。「合わせ箱（山）」中，以拌或蒸煮等烹調方式費時製作的繽紛湯布院鮮蔬有20種以上。

☎0977-84-5315 🏠由布市湯布院町川上2850-5 🕐11時～14時30分LO、18時～21時LO 🈺週三 🚊JR由布院站步行8分 🅿20輛
MAP P118B3

1 建築設計出自JR九州的設計顧問水戶岡銳治 2 座落於田園中、可遠眺由布岳的獨棟餐廳

湯布院IC周邊
くぬぎのおか

櫟の丘

還可享受清澄的空氣與美麗景色！

位於可一望由布院盆地、小高丘上林蔭間的人氣披薩店。以櫟木為燒柴的石窯披薩、手打義大利麵各1300日圓～，均選用當地農園栽種的有機蔬菜及富含礦物的地下水。

☎0977-85-4007 🏠由布市湯布院町川北893-1 🕐11時～14時30分LO、17時30分～20時LO 🈺週三（逢假日則照常營業）🚊JR由布院站車程7分 🅿40輛
MAP P116A3

1 擁有大片落地窗、光線明亮的店內，晴朗好天氣時則推薦露天座 2 位於從湯布院IC再往山上走的森林內

 這裡介紹的4家店都是人氣餐廳，因此最遲請於1天前預約比較保險。

在這片土地才能種出的
湯布院鮮蔬背後的美味理由

湯布院鮮蔬栽種在寒暖溫差大的盆地，因此風味濃郁。
以下是訪問活躍於湯布院鮮蔬生產的最前線、江藤農園的江藤夫妻倆。

{ 「提供 "時令" 美味」。
與料理人切磋琢磨後所誕生的湯布院鮮蔬 }

江藤農園第二代
江藤雄三

在4公頃的農園中栽種米和蔬菜，目前共批發給20多家旅館

「為了符合料理人的要求不斷嘗試並從錯誤中學習是件有趣的事」江藤雄三說道。即使栽種蔬菜在當地的銷售量卻不佳、農業發展不見起色的湯布院，1995年在當時擔任草庵秋桜（☞P50）總料理長的新汀憲一提案「希望以湯布院當地生產的蔬菜製作料理給客人享用」的契機下，江藤雄三開始將每天早上現摘的蔬菜批發給旅館。隨著認同該理念的旅館慢慢地增加，也開啟了 "農家與料理人交換意見" 的蔬菜栽種模式。以季節感為首要的想法雙方都有共識，為了促進湯布院整體的食材品質還成立了「湯布院料理研究會」。從生產者到料理人以及連結人與人之間的情感，正是湯布院鮮蔬美味的秘訣。

親臨番茄
採收的現場！

1 採收番茄大多選在日出前或日落前，聽說是因為白天含甜味的養分會蒸發掉的緣故 2 堅持成熟變紅後才採摘的原則 3 季節鮮蔬醃漬物1瓶822日圓等，以江藤農園蔬菜製成的草庵秋桜自製商品可於草庵秋桜的門市購得

湯 布 院 鮮 蔬 的 春 夏 秋 冬

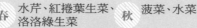

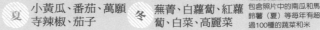

春	水芹、紅捲葉生菜、洛洛綠生菜	秋	菠菜、水菜
夏	小黃瓜、番茄、萬願寺辣椒、茄子	冬	蕪菁、白蘿蔔、紅蘿蔔、白菜、高麗菜

江藤農園生產的作物，包含照片中的南瓜和馬鈴薯（夏）等每年有超過100種的蔬菜和米

直賣所內有許多能吸引顧客視線的巧思
來グルメシティ湯布院店逛逛吧

グルメシティ的直賣所有許多當令鮮蔬

江藤國子
江藤雄三之妻

任職農政局時與江藤雄三結識，後來嫁進了江藤農園

江藤國子自製的圖文說明

「只要下點功夫客人就會買單」江藤國子笑著說道。農產品以江藤農園作物為主的グルメシティ湯布院店內設有湯布院鮮蔬的直賣所，水果番茄以直向擺列或用可愛的盒裝陳列，賣場還會附上寫有食用方式的小叮嚀，隨處都能見到為了提升湯布院鮮蔬本身價值的用心。正因為是容易陷入削價競爭的直賣所，所以更要設法維持湯布院的蔬菜行情，讓美味的蔬菜在明年、後年都還能不間斷地栽種下去。江藤國子源源不絕的創意發想，今後也很令人期待。

\ 能買到這些湯布院鮮蔬！ /

羅勒
1袋100日圓

萬願寺辣椒
1袋250日圓

番茄
1袋250日圓

摩洛哥四季豆
1袋150日圓

茄子
1袋150日圓

黃番茄
1個100日圓

小黃瓜
1條100日圓

※蔬菜價格需視季節、採收量而變動。

也有當地農家的生產品

栽種無農藥有機茶的清水聰二

培育苦瓜和小黃瓜的河野義秋

生產茄子和芹菜的河野三冊

由布院站周邊
ぐるめしていゆふいんてん
グルメシティ湯布院店
☎0977-85-3411 住由布市湯布院町川上2924-1 營9～23時 休無休 交JR由布院站步行5分 P90輛 MAP P118B2

在美麗的空間度過悠閒時光
能放鬆心情的咖啡廳

來喝杯咖啡，盡情享受緩緩流動的湯布院時間吧！
光欣賞窗外四季變化的豐富自然就能療癒人心。

> **這裡最漂亮**
> 能近距離欣賞翠綠庭園，彷彿置身森林浴般。

1 受歡迎的蘋果派470日圓，搭配咖啡的套餐720日圓 2 添加自家製冰淇淋的餡蜜720日圓 3 也很推薦能感受綠意微風的露天座

湯之坪街道周邊

てぃーるーむにこる

ティールームニコル

舒服自在的待客服務

由布院 玉の湯（☞P46）内的茶館。隔著玻璃可眺望一片樹林，乍看下渾然天成但其實經過細心打理。桌上擺飾的小花也是出自旅館花藝師的傑作，不經意地細膩巧思隨處可見。這樣的態度也反映在待客服務上，讓來訪者感到輕鬆自在。

☎0977-84-2158 ᪲由布市湯布院町川上2731-1 ⏰9時～17時30分（酒吧17:30～24時，週二～四20時～）ᐧ無休 ᐧJR由布院站步行12分 ᐧ30輛 ᐧP118C2

於飄散水果
甜香的咖啡廳
享用人氣甜點

由ジャム工房kotokotoya（☞P25）
經營的咖啡廳「jam kitche'n & cafe
kotokotoya」，推薦可任選人氣果
醬當配料的蜂蜜果凍優格500日
圓。
☎0977-85-3168 MAP P118C2

1光線明亮的桌椅席 2彷
彿隱身在樹林綠蔭之間 3
採用DOMOR品牌的巧克
力，風味芳醇但餘味清爽
的熱巧克力600日圓

湯之坪街道
いぐれっく しょこら かふぇ
igrek chocolat cafe
在沉穩的和風空間內
品味巧克力

店主為巧克力師的咖啡廳。建築物前
身為旅館別棟的店鋪，聽得到流經境
內小河的潺潺流水聲，雖地處湯之坪
街道旁卻意外地相當幽靜。和風氛圍
與熱巧克力的風味，能讓心情沉澱平
靜下來。

☎0977-76-5148 住由布市湯布院町川上
1470 ⏰10時30分～17時30分 休週三、四
交JR由布院站步行16分 P1輛
MAP P119D2

> 這裡最漂亮
> 寬敞和室內還置
> 有沙發的奢侈空
> 間，打開拉窗即
> 可一望小河。

金鱗湖周邊
なや
naYa
充滿懷舊氣息的林間咖啡廳

佇立於從金鱗湖稍微走一段路的安靜
地區。於大量使用木造建材的沉靜氛
圍店內，能喝到特調咖啡和自家製薑
汁氣泡水各350日圓。另外，還販售
以大分縣為中心、九州工藝品作家的
陶瓷器和皮革製品等。

☎0977-75-9760 住由布市湯布院町川上
1774-2 ⏰9～17時 休週五 交JR由布院站
步行20分 P2輛 MAP P119D3

> 這裡最漂亮
> 隔著吧檯與擺列
> 工藝品的窗台外
> 是滿滿的綠意。

1派塔525日圓。有乳酪
塔等口味，每天不盡相
同 2宛如繪本中登場
的復古造型外觀

📖 能愜意消磨時光的博物館artegio（☞P26）內也設有茶館thé théo（MAP P119F1）。

在湯布院體驗時尚的夜生活
以氛圍見長的大人酒吧

難得來到湯布院，當然希望能徹底享受優質又優雅的旅遊樂趣直至深夜。
以下將介紹各店的魅力與推薦下酒菜及適合搭配的酒款。

湯布院IC周邊

ばー ばろーろ

Bar Barolo

静寂高雅的奢華空間

おやど二本の葦束（☞P50）用地内的獨棟式酒吧。擺設著穩重調性英國製骨董家具的店內，呈現和洋融合的設計風格。可一望點燈裝飾成如夢似幻般庭園的吧檯座、宛如秘密基地的2樓座席等，備有各種舒適的空間。位於地下室的大型步入式酒窖陳列了約800支的義大利葡萄酒，除了供應單杯葡萄酒800日圓～外還有內容充實的雞尾酒單。

☎0977-85-3666 住由布市湯布院町川北918-18 ¥無低消 ◷15～24時 休無休 交JR由布院站車程7分 P15輛 MAP P116A3

15時開店營業。也提供600日圓的濃縮咖啡等飲品，因此可當成咖啡廳利用。

★ **就點這道吧**
與店名相同的紅葡萄酒Bar Barolo單杯1800日圓與水果乾924日圓，濃縮的水果甜味與葡萄酒相當對味！

1靠坐在皮沙發上一掃旅途中的疲憊吧 **2**若為首次造訪就選吧檯座，可隔著玻璃眺望湯布院美麗深邃的夜幕

★ **就點這道吧**
以生產高級葡萄酒聞名的KENZO ESTATE紅葡萄酒一紫鈴rindo小瓶9720日圓與塚原高原產的乳酪「トム・ド・ゆふ」1540日圓

整塊木頭的吧檯相當出色，為木工設計師、アトリエときデザイン研究所（☞P38）的代表、時松辰夫的作品。

湯之坪街道周邊

にこるずばー

ニコルズバー

經典的雞尾酒單也很豐富

由布院 玉の湯（☞P46）內的酒吧，在熱愛大自然的作家C・W・Nicol提議下於20年前所設立。以擁有多樣的威士忌酒款著稱，由於現任店長和員工都是調製雞尾酒的名手，因此也會依客人喜好調配口味。房客可穿著浴衣直接入店。

☎0977-84-2158（由布院 玉の湯）住由布市湯布院町川上2731-1 ¥無低消 ◷17時30分～24時（週二～四20時～）休無休 交JR由布院站步行12分 P30輛 MAP P118C2

在酒館般的
輕鬆氣氛中
享用小盤料理
和美酒

能品嘗融和西班牙與義大利菜風味
的「洋風居酒屋Barjunne」。單杯
葡萄酒410日圓～、披薩950日
圓。照片中為蒜味蝦961日圓。
☎0977-84-5125 **MAP** P118B2

由布院站周邊
ばー すてあ

Bar Stir

與湯布院調性很搭的傳統酒吧

由經歷過帝國飯店和由布院 玉の湯
（☞P46）磨練的酒保岩本堅二所開
設的正統派酒吧。長7m的吧檯讓人印
象深刻的優質空間，除了能以1000日
圓～喝到依顧客喜好調配的雞尾酒及
超過300種以上的酒款外，還可嘗試
抽雪茄1100日圓～。

☎0977-85-3935
住由布市湯布院町川
上新町1協榮ビル2F
¥無低消 ⏰19時～・
翌日2時 休週日 🚃JR
由布院站步行4分 **P**
無 **MAP** P118B2

★ 就點這道吧
改以蘋果為基底的白蘭
地調製成的果香風味雞
尾酒Sidecar 1300日圓
與自家製巧克力1200日
圓

1 散發出一股沉穩的氛
圍，麥芽威士忌的酒款
也很充實 2 地處大樓
的2樓，因此不知道的
人也許就會錯過了。簡
直就是一家秘境酒吧！

金鱗湖周邊
ばー やまねこ

Bar山猫

柔和燈光下襯托出的鄉愁氛圍

龜の井別莊（☞P47）的喫茶室、茶房
天井棧敷（☞P21），一到夜晚就搖身
成了Bar山貓。前身為江戶末期的造酒
屋，橘色調的間接照明反映了建築物
的風格與歷史，並營造出樸實溫和的
空間感。可邊聆聽店內流瀉的古典爵
士樂，邊享受愈漸深沉的夜。

☎0977-85-2866
住由布市湯布院町川
上2633-1 ¥無低消
⏰19～24時 休週三
🚃JR由布院站車程7
分 **P**30輛
MAP P119D3

★ 就點這道吧
以卡巴度斯蘋果為基底
的Jack Rose 1337日圓與
豬舌佐煙燻橄欖1029日
圓。兩者皆帶有微微的燻
香，所以有加乘效果。

1 經年累月後，線條變
得圓滑的吧檯摸起來觸
感極佳。BGM和店內
裝飾的爵士樂唱片都是
旅館老闆的珍藏 2 Gin
Tonic 1337日圓

將自然的質樸原味化為形體
湯布院的美麗工藝雜貨

綠意盎然、自然素材豐富的湯布院,工藝職人的工房和工作室散布其間。
接下來就為大家介紹在旅程結束後還能每天於生活中使用的雜貨。

深盤　12cm 1835日圓～等
配合不同用途備有多種顏色和尺
寸,後續的保養方式也很簡單。
木頭材質的選擇性也很豐富。**Ⓐ**

茶壺保溫套2484日圓～
以購自南法普羅旺斯的布料所製
成的小東西。花樣依時節會有變
化,挑選起來也樂趣十足。**Ⓔ**

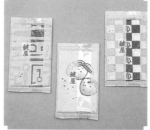

鍵屋特製手巾864日圓～
除了烏龜、鑰匙和柚子外,還有
酢醬草的原創圖案。店內陳列著
20種類以上的花樣款式。**Ⓒ**

豐泉堂的達摩鈴(左)380日圓、綠繡眼
笛(上)440日圓、鳩笛(右)380日圓
大分的鄉土玩具。達摩鈴有祈求
家庭圓滿和商業繁盛之意。**Ⓑ**

布製的原創筷袋　各870日圓
一個個純手工製成,從沉穩的
和風樣式到可愛的流行圖案都
有。**Ⓓ**

一龍陶苑的煎茶碗865日圓、盤700日圓～
為長崎縣的波佐見燒,以名為
「鎬」的技法所呈現出的線條
相當顯眼。**Ⓑ**

湯之坪街道周邊　**Ⓐ**
あとりえときでざいんけんきゅうじょ
アトリエときデザイン研究所

商店就位於木工作家時松辰夫的工房
旁。為了延長木器等的使用壽命,也
提供重新上漆的服務(付費)。

☎0977-84-5171
住由布市湯布院町川
上2666-1 ⏰9～18
時 休無休 🚃JR由布
院步行13分 🅿6
輛 MAP P118C3

湯之坪街道周邊　**Ⓑ**
ゆふいんいち
由布院市 **Ⓑ**

由布院 玉の湯(☞P46)内的伴手禮
店。以自家製食品為中心,大分縣的
工藝品和陶器之類的商品也很充實。

☎0977-85-2056 住
由布市湯布院町川上
2731-1 ⏰8時～19時
30分 休無休 🚃JR由
布院站步行12分 🅿30
輛 MAP P118C2

金鱗湖周邊　**Ⓒ**
かぎや
鍵屋 **Ⓒ**

亀の井別荘(☞P47)附設的商店,
採用當令食材製作的食品、雜貨等
獨創商品應有盡有。

☎0977-85-3301
住由布市湯布院町川
上2633-1 ⏰8～20
時 休無休 🚃JR由布
院站車程7分 🅿30
輛 MAP P119D3

手製一雙
專屬自己的筷子
當做旅遊的紀念

「箸屋一膳」有提供以小刀削製直徑約1cm的櫻花木角材，所需2小時左右的製筷體驗。等店家做完防水塗料處理，2星期後即可寄回給本人。費用2700日圓（可預約、運費另計）
☎0977-84-4108 **MAP** P118C4

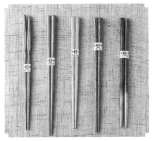

標準四角筷　1080日圓等
木材種類、形狀和粗細等有各式各樣。特別講究的人也可利用訂製服務4500日圓～。**D**

鍵屋特製托特包　2057日圓等
以旗幟店的零布製作、100%純綿的原創包，所有商品皆僅此一件。托特包為雙面式設計。**C**

YUFUIN PLUS的香皂　1個777日圓～
以迷迭香、炭、伊蘭伊蘭等香草與天然素材製作，帶有淡淡香味的特製皂。**F**

由布院みすと 80g 1296日圓
100%取汲由自布院溫泉的源泉。富含天然保濕成分的珪酸，所以有徹底潤澤肌膚之效。**F**

筷架 846日圓～　奶油碟各1836日圓
塚原高原（☞P54）工房木犀かみの的原創商品，以簡單的圓弧造型為特徵。**E**

炒鏟　24cm 1510日圓～等
又分為右撇子適用與左撇子適用，商品的使用性頗受好評。鐵氟龍加工的平底鍋也不會刮傷，可安心使用。**A**

湯布院南
はしやいちぜん
箸屋一膳 D

店內羅列著以當地木材為主要原料、講究木紋與質感巧手製成的筷子。來這兒尋找一雙值得珍藏的筷子吧。
☎0977-84-4108
住由布市湯布院町川上2093-2 ●9～18時 休週二（逢假日則照常營業）交JR由布院站步行20分 P3輛 **MAP** P118C4

金鱗湖周邊
しゃがーるびじゅつかん みゅーじあむしょっぷ
夏卡爾美術館 MUSEUM SHOP E

位於金鱗湖旁的夏卡爾湯布院金鱗湖美術館（☞P23）內。藝術商品也不少，很值得一逛。
☎0977-28-8500 住由布市湯布院町川上1592-1 ●9時～17時30分 休不定休 交JR由布院站步行20分 P7輛 **MAP** P119D3

由布院站周邊
いっきゅうしょうてん
一休商店 F

JR由布院站就在眼前方、還附設書店的伴手禮店。也有販售由布院溫泉自有品牌YUFUIN PLUS的產品。
☎0977-85-2801 住由布市湯布院町川北4-1 ●8時～18時30分 休無休 交JR由布院站步行即到 P無 **MAP** P118B2

九州湯布院民藝村（門票650日圓 **MAP** P119D3）內，除了可參觀手漉和紙的實際製作過程外還有藍染體驗（付費）。

旅遊伴手禮的首選
名物蛋糕捲&麵包

自然資源豐富的湯布院，有許多以當地特有素材製作的美味優質好物。
以下將介紹最大力推薦、一定會賣光光的蛋糕捲和麵包。

P蛋糕捲（原味）
1條1420日圓，
還有1/3條475日
圓及巧克力口味

這個也
很推薦！

奶油煎餅
11片裝650日圓

散發出些微水芹
香氣的水芹蛋糕
捲1條1300日圓，
也可於咖啡廳品
嘗1塊480日圓

這個也
很推薦！

湯布院洋芋片
1盒5包裝900日圓

嚴選食材製成的
湯布院雞蛋蛋糕
捲1條1350日圓，
也有販售1/4條
350日圓

這個也
很推薦！

由布高原滑嫩布丁
1個350日圓

湯之坪街道
びーすぴーく

B-speak

微甜大人口味的
鬆軟蛋糕捲

由山莊無量塔（☞P47）經營的湯布
院知名蛋糕捲專賣店。簡單風味的
蛋糕捲只以麵粉、砂糖、蛋、鮮奶
油為原料製作，自1999年開店以來
人氣始終不墜。也接受預約，可於
5天前打電話或親臨門市辦理預
購。

☎0977-28-2166 住由布市湯布院町川
上3040-2 ◐10～
17時 休不定休
交JR由布院站步行
7分 P6輛
MAP P118C2

湯之坪街道周邊
ゆふいん うけづき

湯布院 受け月

使用湯布院名產水芹的
獨創甜點

位於稍微遠離湯之坪街道、摩登造
型建築物很吸睛的蛋糕&巧克力
店。水芹蛋糕捲，濃郁的牛奶風
味、低糖的鮮奶油與水芹蛋糕的味
道相當合搭。2樓還附設可內用的
咖啡廳。

☎0977-84-4677 住由布市湯布院町川
上1503-1 ◐9～17
時 休週四（逢假日則
照常營業）交JR由
布院站步行15分 P
無 MAP P119D2

由布院站周邊
ゆふふ ゆふいんえきまえほんてん

ゆふふ 由布院駅前本店

以新鮮素材製作的
美味逸品

蛋糕體中加了大量每天早上才進
貨、大分縣產的當天現產雞蛋，口
感濕潤鬆軟。與清爽鮮奶油的搭配
也很對味。此外還隨時備有30種類
以上的生乳蛋糕、最適合當伴手禮
的烘焙點心等，店內也設有內用
區。

☎0977-85-5839 住由布市湯布院町川
北2-1 ◐10～18時
休無休 交JR由布院
站步行1分 P4輛
MAP P118B2

以國產小麥＆天然酵母
烘焙出爐的麵包羅列
吸引人潮的排隊店

湯之坪街道（☞P24）附近的「パン工房まきのや」，是一家使用嚴選素材的自然派麵包店。以小國產的娟姍鮮乳為原料、味道樸實的牛奶麵包1個400日圓（照片後方）。
☎0977-84-3822 MAP P118C2

從右上方順時針分別為蔓越莓核桃麵包190日圓、酥脆波羅麵包140日圓等

這個也很推薦！

核桃脆餅
1袋140日圓

由布院站周邊
こちょぱん
こちょぱん

費時精心製作出的
濃郁香醇食感

看起來都只是掌心般大小的可愛麵包，但重量卻很紮實。人氣的核桃麵包，為了去除核桃的澀味而一個個剝皮，還多放了些份量增加口感。自家製的季節鮮蔬湯200日圓，外帶也OK。

☎0977-84-5874 ⬤由布市湯布院町川上3725-13 ⬤8～18時 ⬤週日 ⬤JR由布院站步行3分 ⬤無 MAP P118B2

從右上方順時針依序為山葡萄＆奶油乳酪麵包390日圓、克林姆麵包190日圓、可頌麵包190日圓

這個也很推薦！

大蒜風味的麵包丁
1袋180日圓

由布院站周邊
あーごす
A:GOSSE

每一樣食材都掛保證的
健康麵包

以兔子圖案的看板為明顯標誌。店內的吧檯上，隨時擺列著30種麵包。麵糰的原料有當地產的雞蛋、牛奶、全麥麵粉和胚芽，砂糖則使用鹿兒島縣產的洗雙糖，處處可見店主對於食材的堅持。還有胸針之類的可愛雜貨。

☎0977-84-5868 ⬤由布市湯布院町川上2912-2 ⬤9時30分～18時左右 ⬤週三、四 ⬤JR由布院站步行4分 ⬤P3輛 MAP P118B2

右上方起順時針為香草佛卡夏麵包134日圓、乳酪麵包226日圓、濃縮咖啡麵包226日圓

這個也很推薦！

口感超級濕潤的香蕉瑪芬蛋糕1個206日圓

湯之坪街道周邊
ぐらんま あんど ぐらんぱ
Grand'ma & Grand'pa

綠茵盎然的環境
當地人的愛店

由個性開朗的夫妻倆所經營的湯布院名店，經常中午過後就賣完了。每款麵包都帶微微的甜味、口感鬆軟，還設有雜貨和咖啡區。套餐700日圓～也很受歡迎，可享用現烤的披薩吐司和店主最推薦的香草茶等。

☎0977-85-5456 ⬤由布市湯布院町川上2794-2 ⬤8～17時 ⬤週四 ⬤JR由布院站步行13分 ⬤P5輛 MAP P118C3

📖 人氣店馬上就會銷售一空，因此最好中午前就前往。蛋糕捲之類有提供預約的店家，請事先打電話訂購。

不只美味連外觀也很講究
最受女性青睞的伴手禮

邊想著要送給重要的人什麼樣的伴手禮，也是旅途中的一種樂趣。
以下是收到禮物的對方會開心，好吃、看起來又可愛的伴手禮大集合。

古早味

鍵屋的荻餅　1盒1028日圓
紅豆的風味濃郁，甜度適中，有豆沙、黃豆粉、黑芝麻3種口味。也接受電話預訂。**F**

顏色鮮艷

果醬　各110㎖ 550日圓〜
從左上方順時針依序為草莓、酸桔、草莓牛奶。常備口味有20種左右，還有季節限定商品。**C**

無添加・無色素

自家製調味醬　200g 各720日圓〜
以慢慢熬煮的洋蔥和醬油為基底，再添加由布院產的柚子和大分縣的特產酸桔等風味。**E**

口感滑順

水果軟糖1盒　1300日圓
宛如寶石般閃閃發光的4種口味果凍，能感受明顯的芳醇果香與濃厚甜味。**B**

入喉爽快

湯布院蘇打　330㎖ 210日圓
採用由布院的天然水製成，完全不添加果糖之類的化學調味料。帶高雅的甜味與酸味，餘韻清爽。**A**

可長時間存放

自家製肉醬（左）230g 1080日圓、滷肉（右）150g 1080日圓
以醬油和雞高湯為基底製成的肉醬等御三家宿的好味道，很適合當伴手禮送人。**E**

湯之坪街道
じざけのみせ はかりや

地酒の店 はかり屋 **A**

位於湯之坪街道上、明治中期開業的老鋪酒店。有許多當店才買得到的限定版燒酎和日本酒，還有味噌、醬油等自製食品。

☎0977-84-2067 住由布市湯布院町川上1080-1 ◷9時30分〜18時 休週三 交JR由布院站步行11分 P8輛 MAP P118C2

湯之坪街道
びーすぴーく

B-speak **B**

由山莊無量塔（☞P47）經營的甜點店，蛋糕捲（☞P40）聞名遐邇。店內也售有théomurata（☞P26）的商品。

☎0977-28-2166 住由布市湯布院町川上3040-2 ◷10〜17時 休不定休 交JR由布院站步行7分 P6輛 MAP P118C2

湯之坪街道
くくち

鞠智 **C**

堅持地產地銷和手工製作的店。除了販售原創甜點、柚子胡椒等的商品外，還附設了咖啡廳。

☎0977-85-4555 住由布市湯布院町川上3001-1 ◷10〜17時 休無休（一年會有數次臨時公休）交JR由布院站步行10分 P無 MAP P118C2

以講究素材製作出的溫和風味自豪的老鋪荻餅

創業已50年的「おはぎの小松家」。名產荻餅4個裝600日圓，原料為塚原高原產的糯米與甜度適中的北海道產紅豆。由於生產量少，所以請儘早購買。

☎0977-84-2539 MAP P118A2

內餡濕潤

安納芋和紫芋地瓜　2個380日圓

以高甜度地瓜製成。能品嘗地瓜本身的自然鮮甜與單純風味，口感也很綿密滑順。**C**

祖傳製法

山椒柳松菇（右）130g 864日圓
伽羅蕗（左）70g 596日圓

柳松菇山椒煮與山蕗佃煮，可當成麵食調味料或白飯的配菜。**F**

芳醇濃郁

ゆめひびき　500㎖ 3600日圓

經過3年木桶熟成的高級梅酒，也是外銷歐洲的珍品。角瓶為義大利製，並以包袱巾包裝。**A**

鄉土風味

玉の湯自家製　柚子醬　120g 930日圓

將由布院當地摘採的柚子加砂糖炊煮而成的茶點，是由布院的傳統古早味。**E**

豐富的抹茶香氣

由布院麵包脆餅（抹茶）1盒780日圓

以抹茶法國麵包為製作材料的和風脆餅。14片裝，有牛奶、乳酪、柚子胡椒、咖啡等口味。**D**

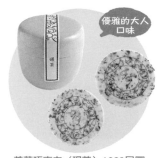

優雅的大人口味

茶葉巧克力（碾茶）1620日圓

內含八女茶，咬起來很有嚼勁。其他還有甜度適中的朝霧、苦味的玉露等。各8片裝。**B**

湯之坪街道周邊
ゆふいんらすく

由布院ラスク **D**

麵包脆餅的專賣店。為了讓風味更加濃郁，每種口味都是以麵包麵糰烘烤製成。盒裝也可選擇綜合口味。

☎0977-85-4033 住由布院市湯布院町川上3047-3 時9～18時 休無休 交JR由布院站步行7分 P無 MAP P118C2

湯之坪街道周邊
ゆふいんいち

由布院市 **E**

由布院 玉の湯（☞P46）內的伴手禮店。商品外還會包上畫家安野光雅所設計的美麗包裝紙，當做禮物送人也很適合。

☎0977-85-2056 住由布院市湯布院町川上2731-1 時8時～19時30分 休無休 交JR由布院站步行12分 P30輛 MAP P118C2

金鱗湖周邊
かぎや

鍵屋 **F**

附設於龜の井別莊（☞P47）的店。羅列著從全國各地精選而來的商品，種類多到讓人拿不定主意該挑哪一樣。也有販售原創食品和雜貨（☞P38）。

☎0977-85-3301 住由布院市湯布院町川上2633-1 時8～20時 休無休 交JR由布院站車程7分 P30輛 MAP P119D3

📖 附設蛋糕工房的カフェ・ラ・リューシュ（☞P23），能買到特製法式脆餅1袋157日圓之類的伴手禮。

不妨到這裡走走！

湯布院的推薦景點

金鱗湖周邊

すえだびじゅつかん
🏛 末田美術館

聳立於由布院山麓的摩登空間

1981年創立於湯布院，為雕刻家末田龍介與造形藝術家菜夫妻倆所成立的個人美術館。統一為黑色系的木造建築物，出自經手過許多巨大建築的建築師原司之手。在自然光灑落的展示室內擺置著以石塊、金屬等為素材的現代雕刻，營造出沉穩的氛圍。 **DATA** ☎0977-85-3572 🏠由布市湯布院町川上1834 🎫門票700日圓 🕘9～17時 休無休 🚉JR由布院步行20分 🅿6輛 **MAP**P119D3

設有中庭並展示著戶外雕刻作品

館內為單色調的別致空間

---

column
前往在地人才知道的私房路線一遊

由當地導遊帶領遊覽的Eco Walk（徒步觀光），最遲需於前一天的21時前電話預約。☎0977-85-2466（10～21時）🏠Tour集合場所在JR由布院站周邊 🎫Eco Walk Tour 1500日圓～ ※參加人數2～8名 🕘Tour出發時間10時～（所需1小時30分～2小時）休不定休 **MAP**P118B2

湯布院南

うなぎひめじんじゃ
🏛 宇奈岐日女神社

可馳騁於神秘的傳說中

供奉宇奈岐日女的神社，還留有將原本是湖泊的湯布院變成盆地之類的傳說。復古巴士スカーボロ（☞P19）和辻馬車（☞P19）會在這裡停靠。境內樹齡超過300年的杉樹殘株也被當成御神木在祭祀。 **DATA** ☎0977-84-3200 🏠由布市湯布院町川上2220 🎫休境內自由 🚉JR由布院站步行15分 🅿5輛 **MAP**P118B4

由布院站周邊

ゆふいんいちのざ
🍴 由布院市ノ坐

將自家製豆腐入菜的四季料理

招牌的芳醇香甜手作豆腐，是以川南地區的名水和100%國產黃豆製成。可同時品嘗到使用自家製豆腐和豆皮的多款豆腐料理與豐後牛的牛market ノ坐定食3100日圓，最具有人氣。 **DATA** ☎0977-28-8113 🏠由布市湯布院町川南113-12 🕘11～15時（週六日～15時、17～20時）休週三 🚉JR由布院站步行8分 🅿10輛 **MAP**P118A3

鳥越

むらたふしょうあん
🍴 Murata不生庵

可邊眺望景色邊享用手打蕎麥麵

由山莊無量塔（☞P47）經營的蕎麥麵店，道地的手打蕎麥麵是使用自家碾磨的信州蕎麥粉製成。竹簍蕎麥麵864日圓、放上軟嫩黑豬肉叉燒的黑豬肉蕎麥麵1512日圓，都很有人氣。叉燒和白髮蔥絲、黑胡椒的搭配組合相當對味。 **DATA** ☎0977-85-2210 🏠由布市湯布院町川上1266-18 🕘11時～16時30分LO 休一年2次不定休 🚉JR由布院站車程8分 🅿6輛 **MAP**P119F1

由布院站周邊

しえすた
🍴 Siesta

空間也很美妙的有機咖啡廳

除了以炸野蔬為主的幸福御飯膳900日圓（照片）外，還有午餐800日圓～及週六日、假日的早餐550日圓～。也可以只點杯茶480日圓～。 **DATA** ☎0977-85-4070 🏠由布市湯布院町川上3052-3 🕘10～18時左右（週六日、假日8時30分～19時左右）休不定休 🚉JR由布院站步行5分 🅿1輛 **MAP**P118B2

湯之坪街道周邊

はらっぱかふぇ
🍴 原っぱカフェ

以蔬菜為主的慢食午餐

提供有益身體健康的家庭料理。為了吃出當令的美味，蔬菜多以蒸煮的烹調方式。能吃到熟食蔬菜的原っぱ午餐850日圓，也很受當地人的喜愛。 **DATA** ☎0977-84-2621 🏠由布市湯布院町川上1525-12 🕘10～16時（午餐13時～14時30分）休週二、三 🚉JR由布院站步行12分 🅿5輛 **MAP**P119D2

湯之坪街道

せいふうわさいしょっかん むじか
🍴 西風和彩食館 夢鹿

和洋融合的絕妙好滋味

能品嘗加入符合日本人感性元素的創作洋食。使用積極自當地農家的蔬菜，繽紛的擺盤方式也很漂亮。照片中，是會依季節變換食材的午餐套餐1944日圓。午晚間均備有5種套餐。 **DATA** ☎0977-84-5266 🏠由布市湯布院町川上1469-2 🕘11時～14時15分LO、17～20時LO 休週三 🚉JR由布院站步行16分 🅿10輛 **MAP**P119D2

湯布院南
すみびやき かふぇ あんど だいにんぐ くろがね
🍴 炭火焼 cafe & dining 鐵

如秘境般氛圍的店內

以炭火煎烤、鮮嫩多汁的漢堡排，廣受好評。只選用和牛，為了品嘗肉質的鮮甜所以只烤一分熟。鐵漢堡排（S）1100日圓，搭配清爽的自家製洋蔥醬更讓人食指大動。**DATA** ☎0977-85-2299 🏠由布院市湯布院町川上2093-1 ⏰11～15時LO、18～22時LO 休週四 🚉JR由布院站車程5分 🅿2輛 **MAP**P118C4

湯布院IC周邊
あーでん
🍵 あーでん

具優質音色的療癒成熟大人風咖啡廳

基於「希望讓客人聽到最棒的音質」的理念，會依狀況分別使用TANNOY和JBL公司的高級音響。在圓潤音色的環繞下，還品味自製蛋糕400日圓與自家烘焙咖啡600日圓，就能讓人打從心底徹底放鬆。**DATA** ☎0977-85-2530 🏠由布院市湯布院町川北918-32 ⏰10～17時LO 休週四 🚉JR由布院站車程6分 🅿3輛 **MAP**P116A3

由布院站周邊
てんねんこうぼぱんのみせ あんじぇ
🛍 天然酵母パンの店 Ange

吃起來很有飽足感的可頌麵包

由布見通上、堅持以天然酵母製作的麵包店。有酥脆口感的巧克力可頌麵包（照片）1個240日圓，以豐後牛為主、包入奢侈餡料的豐後牛咖哩麵包1個270日圓等。有現烤上麵包會馬上銷售一空，所以請趁早。**DATA** ☎0977-84-3588 🏠由布院市湯布院町川上3052-3 ⏰8時30分～18時 休週三、最後一個週四 🚉JR由布院站步行5分 🅿1輛 **MAP**P118B2

湯之坪街道周邊
かふぇ でゅお
🍵 Cafe Duo

品嘗招牌甜點小憩片刻

蓬鬆口感的舒芙蕾700日圓是最受歡迎的蛋糕，入口即化的美味任誰也無法抗拒。以細膩筆觸描繪的藝術拉花飲料550日圓～，真叫人捨不得喝下口。**DATA** ☎0977-85-3955 🏠由布院市湯布院町川上1159-1 ⏰10～18時 休不定休 🚉JR由布院站步行15分 🅿6輛 **MAP**P119D2

由布院站
かふぇ ゆふいん ぱうざ
🛍 caffè 由布院 Pausa

在回程電車上享用道地的咖啡

與JR由布院站藝術館（☞P20）鄰接的咖啡吧。除了熱咖啡200日圓、卡布奇諾320日圓外，還買得到由「湯布院料理研究會」（☞P32）開發的土雞味噌600日圓等產品。**DATA** ☎080-1732-9150 🏠由布院市湯布院町川北8-2 ⏰10時30分～17時 休週三（逢假日則翌日）🚉JR由布院站內 🅿無 **MAP**P118B2

由布院站周邊
ぎんのいろどり
🛍 銀の彩

多了和風品味的創作甜點

法國甜點技藝加上湯布院特有和風品味的由布奶油棒200日圓～極具人氣。有泡芙外皮夾卡士達奶油和紅豆餡的普通口味，以及添加各種食材的多樣化口味。**DATA** ☎0977-76-5783 🏠由布院市湯布院町川上2935-3 ⏰10～20時（週日～19時30分）休不定休 🚉JR由布院站步行3分 🅿3輛 **MAP**P118B2

♨ 溫泉鄉才有的獨特溫泉景點

湯布院的街上隨處可見到足湯設施，個性十足的溫浴設施也很多，請別錯過了。

じぇいあーるゆふいんえきのあしゆ
JR由布院站的足湯

可於等車時間利用

車站月台上的足湯，是放眼全國也很罕見的設施。也可當作明信片的足湯入浴券，還附方便的小毛巾。**DATA** ☎0977-84-2021 🏠由布院市湯布院町川北8-2 💴入浴160日圓 ⏰9～19時 休無休 🚉JR由布院站內 🅿無 **MAP**P118B2

くあーじゅゆふいん
クアージュゆふいん

透過溫泉促進健康

能體驗德國式健康溫泉療法的市營健康溫泉館，有按摩水療池等著泳衣即可享受的健康浴設施。**DATA** ☎0977-84-4881 🏠由布院市湯布院町川上2863 💴入浴＋游泳池820日圓、純入浴510日圓 ⏰10時～21時30分 休第2、4週四 🚉JR由布院站步行8分 🅿40輛 **MAP**P118B3

したんゆ
下ん湯

以湖畔的茅葺屋頂為明顯標誌

金鱗湖旁、提供混浴的公共浴場，請自行將入浴費投進入口處的費用箱內。設有室內浴池和露天浴池，兩者皆屬於溫度較高的溫泉。**DATA** ☎0977-84-3111（湯布院町商工觀光課）🏠由布院市湯布院町川上1585 💴入浴200日圓 ⏰9～23時 休無休 🚉JR由布院站步行22分 🅿無 **MAP**P119D3

 受惠於由布岳的資源以豐沛泉量自傲的由布院溫泉，源泉的數量多達852個，僅次於別府溫泉位居全國第二。

享受極致療癒
湯布院的 "三大名宿"

湯布院是住宿品質有口皆碑的溫泉度假勝地。
可於以下這三家聞名遐邇的名宿，享受優質的療癒時光。

· 這裡最療癒 ·

綠茵盎然！從館內的任
何角落都能近距離感受
樹林的綠意。

1 前往旅館的通道，感覺就好
像走在林間小徑般
2 房客專用的交誼廳內有提供
咖啡之類的飲品
3 穿著浴衣也可入內輕鬆享受
的二コルズバー

湯之坪街道周邊 🈂️ 🏠 ♨️ 👤

ゆふいん たまのゆ
由布院 玉の湯

集全國目光於一身
清新綠意環繞的旅宿

昭和28年（1953）以禪寺的住宿所開
始發跡。自開業以來，一心想將湯布
院變成保養型溫泉度假勝地的旅館老
闆溝口薰平即著手在庭園栽種樹木。
如今已長成一片茂密的樹林，讓房客
能置身於溫暖的療癒氛圍中。充滿季
節感的田園料理，純淨的好味道也與
幽靜的空間美妙地融合。

☎0977-84-2158 🏠由布市湯布院町川上
2731-1 🚉JR由布院站步行12分 🚌無接送
🅿30輛 🛏17室 ●1953年開業
🗺MAP P118C2 ●浴池：有室內　有露天
●泉質：單純泉 ●無純泡湯

空氣清新
舒爽！

通往玄關的
小徑上常會
灑水淋濕，
營造出濕潤
的氛圍

CHECK
❖1泊2食費用❖
平日35790日圓～
假日前日39030日圓～
❖時間❖
IN14時 OUT12時

非房客也能利用
◎ ティールーム二コル→P34
◎ 二コルズバー→P36
◎ 由布院市→P38、43

4 每間客房都有附引自溫泉水的室內浴池 **5** 北歐製白木
床上鋪著以久留米絣織物被套包覆的羽絨被 **6** 晚餐菜色
其中一例，能吃得到自當地契約農家採購的季節鮮蔬

🈂️源泉放流 🏠房內用餐 💄有美容設施 🚭有禁煙房 ♨️有大浴場 👤單人住宿OK 💻有網路

金鱗湖周邊

かめのいべっそう

亀の井別荘

蘊藏美麗哲學的靜謐空間

原本是大正時代為了接待貴族而建造的別墅。在金鱗湖畔廣大自然林中的本館與獨棟間有著絕妙的距離感，能感受真誠的款待服務及享受閑靜的時光。

☎0977-84-3166 住由布院市湯布院町川上2633-1 交JR由布院站車程7分 目無接送 P30輛 室21室 ●大正10年（1921）開業 MAP P119D3 ●浴池:有室內　有露天 ●泉質:單純泉 ●無純泡湯

CHECK
✤1泊2食費用✤
35790日圓～
（過年期間價格會有變動）
✤時間✤
IN15時 OUT11時

非房客也能利用
◎ 茶房 天井棧敷 ☞P21　◎ 湯の岳庵 ☞P28
◎ Bar山貓 ☞P37　◎ 鍵屋 ☞P38、43

· 這裡最療癒 ·
房客專用的交誼廳。四周陳列著旅館老闆收集的藏書和家具用品，讓人不禁陶醉其間。

1 很有風情的茅葺小門，門後即房客的專屬空間 2 從玻璃天井射入耀眼陽光的寬敞室內浴池 3 客廳和寢室分開的獨棟和室

· 這裡最療癒 ·
「曉之間」的客廳，四張半榻榻米大的空間也可用來打盹兒。

鳥越

さんそうむらた

山荘無量塔

極盡奢華的摩登優質空間

佇立於稍微遠離街區的寧靜山谷間，腹地內散佈著12間各異其趣的獨棟式建物。面積寬敞的客房，則是巧妙結合和洋風格的別致空間。

☎0977-84-5000 住由布院市湯布院町川上1264-2 交JR由布院站車程10分 目有接送 P20輛 室12室 ●1992年7月開業 MAP P119F1 ●浴池:有室內　無露天 ●泉質:單純泉 ●無純泡湯

CHECK
✤1泊2食費用✤
49830日圓～
（過年期間56040日圓～）
✤時間✤
IN15時 OUT11時

非房客也能利用
◎ 匠舖藏拙 ☞P27　◎ Tan's bar ☞P27

1 打開玻璃窗翠綠的庭園就近在咫尺 2 房客專用的交誼廳，簡約洗練的設計感讓人印象深刻 3 晚餐其中一例的和牛五輩諸味燒

無與倫比的開放感！
入住露天浴池廣受好評的旅館

邊眺望湯布院的地標由布岳，並在四季自然美景的
圍繞下享受溫泉也別有一番滋味。

可邊欣賞由布岳的景緻邊舒服地泡湯

招牌露天浴池

地處高台上，雄偉壯觀的由布岳就近在眼前。照片中為女性專用的空海之湯。

川南　　🏠(有條件房間用餐) ゆ
やまのほてる むそうえん

山のホテル 夢想園

九州屈指的絕景大露天

與龜の井別荘(☞P47)、由布院玉の湯(☞P46)的老闆共同主導湯布院整體街區規劃的就是這家旅館的店主。如今依然秉持職志，以無微不至的服務接待來客。在無敵寬廣的大露天溫泉浴池中，側耳傾聽風聲就能感受與大自然合而為一的片刻安詳。

☎0977-84-2171 住由布市湯布院町
川南1243 交JR由布院站車程7分 巴無
接送 P60輛 圖34室 ●1993年改裝
MAP P116B4 浴池:有室內 有露天
●泉質:單純泉 ●可純泡湯

CHECK
✢1泊2食費用✢
平日休假前日均為
18510日圓～
✢時間✢
IN15時 OUT11時

1 附客廳的和室。1泊2食32550日圓～ 2 館內展望咖啡廳所販售的布丁432日圓，由職人手工製作，1天只限定40個。從咖啡廳的窗戶也能眺望由布岳 3 使用當地鮮蔬和國產和牛、河魚的晚餐其中一例

🈟 源泉放流 🏠 房內用餐 💄 有美容設施 🚭 有禁煙房 ♨ 有大浴場 🧍 單人住宿OK 🌐 有網路

湯布院南 〔🈳 ゆ 🚶 🖥〕
ゆふのごう さいがくかん
柚富の郷 彩岳館

當令美食與絕景讓人心滿意足

可一望由布岳的男女別露天浴池，採早晚交替制。以泉質富含具美肌效果的天然保濕成分矽酸而自豪，還設有飲泉場。使用當令食材的季節料理也有口皆碑。

☎0977-44-5000 🏠由布市湯布院町川上2378-1 🚃JR由布院站車程5分 🚌有接送 🅿32輛 🏨24室 ●1999年9月開業 MAP P118B4 ●浴池：有室內有露天 ●泉質：單純泉 ●可純泡湯

招牌露天浴池
除了大眾池外還有2個包租浴池，每一個浴池都能飽覽由布岳的風光。

CHECK
✛1泊2食費用✛
平日17430日圓～
假日前日18510日圓～
✛時間✛
IN15時 OUT11時

1 面由布岳側的和洋室 2 晚餐是充滿季節感的創作柚富會席，每個月會更替菜色

招牌露天浴池
從廣大露天浴池的藍色溫泉能眺望天空與綠意，視野相當開闊。

CHECK
✛1泊2食費用✛
平日18360日圓～
假日前日20520日圓～
✛時間✛
IN15時 OUT11時

1 風格各異其趣的別墅棟 2 每棟別墅都設有室內浴池，能盡情享受優質的溫泉

扇越 〔🈳 ゆ 🚶〕
ゆふいんしょうやのやかた
ゆふいん庄屋の館

下榻有溫泉的別墅

回歸溫泉療養地的原點所規劃設計的住宿設施「溫泉別墅」。大露天浴池會依時段或季節改為泳池使用。享受優質溫泉的同時，也讓身心都煥然一新。

☎0977-85-3105 🏠由布市湯布院町川上444-3 🚃JR由布院站車程8分 🚌有接送 🅿50輛 🏨17室 ●1995年6月開業 MAP P119F1 ●浴池：有室內有露天 ●泉質：鹼性單純泉 ●無純泡湯

湯布院IC周邊 〔ゆ〕
あさぎりのみえるやど ゆふいんはなよし
朝霧のみえる宿
ゆふいん花由

能俯瞰湯布院的街景

立於海拔550m的高台上、正面可遙望由布岳的旅館。運氣好的話，秋天到冬天期間的清晨從露天浴池能見到壟罩整個湯布院盆地的美麗晨霧。女用露天浴池還設有按摩水療池。

☎0977-85-5000 🏠由布市湯布院町川北913-11 🚃JR由布院站車程7分 🚌有接送 🅿20輛 🏨30室 ●1998年開業 MAP P116A3 ●浴池：有室內有露天 ●泉質：單純泉 ●無純泡湯

招牌露天浴池
夜幕低垂後的露天浴池，能欣賞到街燈閃爍的美麗夜景。

CHECK
✛1泊2食費用✛
平日19950日圓～
假日前日24150日圓～
✛時間✛
IN15時 OUT10時

1 晚餐的創作料理中有當地蔬菜、豐後海峽的鮮魚等食材 2 獨棟的和洋室內還有露台空間

 在柚富の郷 彩岳館（上）的用餐處「吾亦紅」，消費2160日圓以上的午餐即可附贈入浴券相當划算。

造訪以料理著稱的旅館
享受湯布院的 "美食"

品嚐豐後牛、湯布院鮮蔬…當地才吃得到的時令佳餚，也是旅遊的醍醐味之一。
以下將介紹令人想一去再去、以料理人精湛手藝受到歡迎的旅館。

能品嘗這些料理

除了主菜外還有生魚片、豐後牛排、海鰻和香菇的清湯等。

CHECK
✛1泊2食費用✛
平日21534日圓～
假日前日22614日圓～
✛時間✛
IN15時 OUT11時

1 晚餐的主菜是大分冠地雞的雞肉丸子鍋 2 獨棟的客房有樓中樓和平房兩種類型 3 獨棟「龍膽之間」客室內的露天浴池 4 晚餐菜色其中一例，以炭籠裝盤的杳魚和季節鮮蔬

金鱗湖周邊

そうあんこすもす
草庵秋桜

嚴選湯布院的當地食材
精緻美味的創作料理

能品嘗從契約農家直接進貨的新鮮湯布院鮮蔬、豐後牛等精選食材的創作懷石料理。有不少常客是為了晚餐而來，午餐時段有開放給非房客者利用（☞P29）。

☎0977-85-4567 ● 由布市湯布院町川上1500 ● JR由布院站步行15分 ● 有接送
● 15輛 ● 13室 ● 1999年改裝
● MAP P119D2 ● 浴室:有室內　有露天
● 泉質:單純泉 ● 可純泡湯

湯布院IC周邊

おやどにほんのあしたば
おやど二本の葦束

山谷自然豐富的時令料理
讓人懷念的鄉土古早味

約4500坪的廣大腹地內共有11間獨棟建築的旅館，和洋風格融合的客房布置相當精美。以山菜及當地農家的蔬菜為中心的田園料理，極具魅力。

☎0977-84-2664 ● 由布市湯布院町川北918-18 ● JR由布院站車程7分 ● 無接送
● 15輛 ● 11室 ● 1995年8月開業
● MAP P116A3 ● 浴室:有室內　有露天
● 泉質:單純泉 ● 無純泡湯

1 色彩繽紛的小鉢料理羅列、份量十足的人氣早餐
2 陽光從枝葉間灑落的大露天浴池，也提供包場服務
3 附家庭劇院的獨棟「再来」的寢室

能品嘗這些料理

早餐除了盤內以鮮蔬為主的10品外，還有6種以上的料理。

CHECK
✛1泊2食費用✛
平日23250日圓～
✛時間✛
IN15時 OUT11時

　源泉放流　房內用餐　有美容設施　有禁煙房　有大浴場　單人住宿OK　有網路

能品嘗這些料理

豐後鯛海膽慕斯、
豐後牛、味噌土雞
肉等種類豐富

CHECK
✛ 1泊2食費用 ✛
平日22700日圓～
假日前日26700日圓～
✛ 時間 ✛
IN15時 OUT11時

金鱗湖周邊
ゆふいんべってい いつき
由布院別邸 樹

充滿季節感的當季食材
擺盤也很漂亮

以優雅風格統一設計的客房呈現簡約洗
練的氛圍。以湯布院在地當令食材為主
的創作料理，從前菜到甜點每一樣都很
精緻。

☎0977-85-4711 住由布市湯布院町川上
2652-2 交JR由布院站車程6分 無接送 P10
輛 客9室 ●2011年4月改裝 MAPP118C3 ●
浴池:有室內 有露天 ●泉質:單純泉 ●無純泡湯

1 晚餐全餐菜單範例。以有田燒陶器裝盛的品味也很出色
2 獨棟客室「棟棠之間」，採用義大利品牌Cassina的寢具
3 客房內的半露天浴池

湯布院IC周邊
さんそうわらびの
山莊わらび野

在寂靜森林環繞下
心滿意足的美食饗宴

佇立於雜木林間的幽靜旅館，還能聽到
小河的涼涼流水聲與鳥兒嘰喳聲。客房
皆為風格各異的獨棟式建築，附半露天
浴池。嚴選當地生產的安心食材，提供
美味又健康的料理。

☎0977-85-2100 住由布市湯布院町川北952
交JR由布院站車程5分 無接送 P20輛 客10
室 ●1997年9月改裝 MAPP116A3 ●浴池:有
室內 有露天 ●泉質:鹽化物泉 ●無純泡湯

能品嘗這些料理

時蔬前菜、當令生
魚片、鹽燒櫻鱒
等，能吃到最新鮮
的季節美味。

CHECK
✛ 1泊2食費用 ✛
24000日圓～
（過年期間28800日圓～）
✛ 時間 ✛
IN15時 OUT11時

1 使用自家製米及自家菜園採收的蔬菜 2 兩個房間相
連的寬敞客室 3「柊之間」的紅土浴池

價格合理的住宿推薦
可泡溫泉的B&B旅館

提供住宿＋早餐的B&B，最適合想要自由安排旅遊行程的人。
以下將介紹既可享受溫泉，又有如居家般自在舒適空間的旅館。

川南 🏯 🌙 **(需預約)** 🚭 ♨ 🚶 🖥

ゆふいんふろーらはうす

ゆふいんフローラハウス

位於田園中、大量使用木質建材
的客房，住起來很舒適。還利用
溫泉地熱設置溫室，栽種蝴蝶蘭
和香草之類的植物。

☎0977-84-2718 🏠由布院市湯布院町
川南71-1 🚗JR由布院站車程10分 🚌
有接送 🅿10輛 🏠4室 ●2001年開業
MAP P116B4 ●浴池:有室內　無露
天 ●泉質:單純泉 ●無純泡湯

寬敞中庭和各個角落都置有長椅，可享受片刻悠閒

CHECK
✣1泊附早餐費用✣
平日、假日前日6250日圓～
＊純住宿5550日圓～
✣時間✣
IN15時 OUT10時

男女別室內浴池
具保濕效果的單純泉。從浴
室可眺望由布岳景觀，15～
23時還提供包場服務。

溫泉在
這裡！

湯之坪街道周邊 🏯 ♨ 🚶 🖥

ゆふいん やまぼうし

由布院 山ぼうし

洋室房間有雙床房、雙人房、單
人房等樣式豐富。雖為B&B旅館
但晚餐的評價也很高，能品嘗老
闆親自大展身手製作的和食懷石
3780日圓。

☎0977-84-2108 🏠由布院市湯布院町
川上3045-5 🚗JR由布院站步行6分
🚌無接送 🅿10輛 🏠12室 ●1997年8
月開業 MAP P118C2 ●浴池:有室內
有露天 ●泉質:單純泉 ●無純泡湯

有洋室還有和室，除了單人房外的客房均可眺望由布院

CHECK
✣1泊附早餐費用✣
平日7710日圓～
假日前日8250日圓～
✣時間✣
IN15時 OUT10時

別棟的露天浴池
腹地內就有源泉，除了
露天外還有室內浴池、
也租包浴池，設備充實。

溫泉在
這裡！

由布院站周邊 🏯 🚭 🚶 🖥

ゆふいんいよとみ

由布院いよとみ

將創業於昭和3年(1928)的旅宿
重新翻修後的館內，隨處可見時
尚的元素。還提供多種附餐方
案，能吃到得到時令鮮蔬、豐後牛
等菜色。

☎0977-84-2007 🏠由布院市湯布院町
川南848 🚗JR由布院站步行8分 🚌無
接送 🅿16輛 🏠12室 ●2010年11月
改裝 MAP P118A3 ●浴池:有室內
有露天 ●泉質:單純泉 ●可純泡湯

最受女性歡迎的「櫻之間」，附半露天的室內浴池

CHECK
✣1泊附早餐費用✣
平日7020日圓～
假日前日9180日圓～
✣時間✣
IN15時 OUT10時

露天浴池
90℃以上的源泉加入由布
岳湧水後調整成適當的溫
度。包含大小室內浴池在
內，所有浴池皆可包場。

溫泉在
這裡！

🏯 源泉放流　🏠 房內用餐　💄 有美容設施　🚭 有禁煙房　♨ 有大浴場　🚶 單人住宿OK　🖥 有網路

湯布院的舒適旅宿

介紹有著出色的待客之道，
務請要住宿一次的
溫泉旅館。

湯之坪街道

きっしょうかいうんてい むじんぞう

吉祥開運亭 無尽蔵

湯之坪街道上的摩登旅館

一天只接待4組客人的旅館。本館與獨棟的客房皆備有室內岩石浴池，館內還設有提供西餐的餐廳。能盡情享受幽靜、沉穩氛圍的私人空間。DATA ☎0977-84-2236 住由布市湯布院町川上1536-1 ¥平日19440日圓～，假日前日21600日圓～ ⏲IN15時 OUT11時 交JR由布院站步行14分 接無接送 P4輛 室4室 ●2004年開業 MAP P119D2 ●浴池:有室內　無露天 ●泉質:單純泉 ●無純泡湯

湯之坪街道周邊

さんしおとまりどころ はなのまい

山紫御泊処 はなの舞

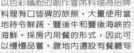

以色彩繽紛的創作會席料理為招牌

料理有口皆碑的旅館，大量使用當地時令鮮蔬、豐後牛和豐後海峽的海鮮。採房內用餐的形式，因此可以慢慢品嘗。腹地內還設有餐廳旬菜鄙屋(☞P29)。DATA ☎0977-84-5700 住由布市湯布院町川上2755-2 ¥平日18360日圓～，假日前日19440日圓～ ⏲IN15時 OUT10時30分 交JR由布院站步行15分 接有接送 P10輛 室8室 ●1992年8月開業 MAP P118C2 ●浴池:有室內　有露天 ●泉質:單純泉 ●可純泡湯

湯之坪街道周邊

べっそう こんじゃくあん

別荘 今昔庵

在獨棟度過自在悠然的時光

主屋和獨棟、露天浴池、餐廳都各自獨立，私密性很高。共有4間附露天浴池的獨棟建築。能品嘗炭火燒吉一(☞P28)料理的當日往返方案5940日圓(需預約)，也很有人氣。DATA ☎0977-85-3031 住由布市湯布院町川上1417 ¥平日13110日圓～，假日前日16200日圓～ ⏲IN16時 OUT10時 交JR由布院站車程7分 接有接送 P20輛 室7室 ●1992年6月開業 MAP P119E2 ●浴池:有室內　有露天 ●泉質:單純泉 ●可純泡湯

湯布院南

めいえんとめいすいのやど ばいえん

名苑と名水の宿 梅園

佔地萬坪的腹地內還有日本庭園

擁有溫泉量豐富的源泉以及有天然水源湧出的旅館，能一望由布岳雄偉風光的大露天岩石浴池更是焦點。還附設非房客也可利用的餐廳酒吧えんじ(☞P29)。DATA ☎0977-28-8288 住由布市湯布院町川上2106-2 ¥平日19440日圓～，假日前日22680日圓～ ⏲IN15時 OUT10時30分 交JR由布院站車程7分 接無接送 P100輛 室26室 ●2000年9月開業 MAP P118C4 ●浴池:無室內　有露天 ●泉質:單純泉 ●可純泡湯

湯布院北

ゆふいんげっとうあん

ゆふいん月燈庵

附寬敞純和風露天浴池的獨棟

廣大腹地內有12間獨棟建築散佈其間，後方還有別館溪醉居的6間獨棟。走在連結300年歷史古民家移築而來的主屋和獨棟間的吊橋上，潺潺的流水聲讓人覺得沁涼舒暢。DATA ☎0977-28-8801 住由布市湯布院町川上295-2 ¥平日24800日圓～，假日前日27000日圓～ ⏲IN15時 OUT11時 交JR由布院站步行8分 接有接送 P15輛 室18室 ●2002年4月開業 MAP P116B2 ●浴池:有室內　有露天 ●泉質:單純泉 ●無純泡湯

稍微走遠一些　塚原的旅館

前往能感受白天綠茵草原微風輕拂、晚上繁星閃爍美麗星空的塚原旅館

おくやど ぶあいそう

奥宿 無相荘

美容和包租浴池等充實的設備

進入塚原地區不遠處，奧由布院高原度假地內的住宿設施。客房有樓中樓房型和套房，以及能欣賞絕景、附露天浴池的獨棟等選項豐富。DATA ☎0977-28-2310 住由布市湯布院町塚原1240-61 ¥平日28150日圓～ ⏲IN15時 OUT11時 交JR由布院站車程18分 接有接送(付費) P20輛 室12室 ●2010年11月開業 MAP P117D1

ふぉれすと いん ぼーん

forest inn BORN

青蔥樹林環繞的療癒空間

靜靜佇立於塚原高原林間的旅館，一天僅限定3組客人。晚餐是嚴選當令食材、看起來兼具美感與獨創性的西式全餐。DATA ☎0977-84-2975 住由布市湯布院町塚原1203-6 ¥平日18510日圓～，假日前日21750日圓～ ⏲IN16時 OUT11時 交JR由布院站車程20分 接有接送 P5輛 室3室 ●2007年10月開業 MAP P117D1

以慢食和溫泉療癒人心
清新舒暢的草原兜風

所需時間
3小時

一踏入塚原高原的瞬間，印入眼簾的就是一望無際的草原與藍天。
將自己置身於壯闊的大自然中，讓身心都煥然一新吧。

➕ つかはらこうげん

塚原高原是
什麼樣的地方？

海拔600m、由布岳北部山麓的
塚原高原，是個能邊感受宏偉大
自然邊品味精緻美食與藝術的私
藏景點。

交通方式

🚗 **車**：大分自動車道湯布院IC經由縣道
216‧617號車程11km

洽詢

湯布院塚原高原觀光協會☎0977-85-2254
廣域MAP P116C1～P117E1

推薦路線

❶ 塚原溫泉 火口乃泉
▼ 車程6km
❷ 自然食ゆうど
▼ 車程850m
❸ ぽこあぽこ
▼ 車程850m
❹ 珈琲 木馬
▼ 上車一下就到
❺ 匙屋

從自然食ゆうど店門口望出去的景致。
8月下旬被整片綠意所覆蓋的由布岳

往日出JCT
別府市

🅟 みるく村
レ・ビラージュ
P.55 由布市

津房川 ❹奧宿 無相荘
P.53

つかはら
の湯

塚原牧場

forest inn BORN
P.53

❷自然食ゆうど P.53

乘馬クラブ
クレイン湯布院

❸ぽこあぽこ

御宿
由布乃庄

塚原溫泉
火口乃泉

霧嶋神社前

高速由布院

湯河原橋

出切❿

由布岳PA

往湯
布院
IC

❺匙屋
❹珈琲 木馬

往湯布院市區

500m

🅝

❶

つかはらおんせん かこうのいずみ
塚原溫泉 火口乃泉

傳說從平安時代就已湧出的藥湯

源泉位於海拔約800m的伽藍岳半
山腰，屬於強酸性溫泉、對皮膚
病等有改善效果的自噴源泉。擁
有這般溫泉泉質的入浴設施，整
個塚原地區也只有這裡而已。

❶含鐵量全日本最高 ❷從泡湯浴池步行5
分就能參觀冒著蒸氣的火山口

☎0977-85-4101 🅗
由布市湯布院町塚原
1235 🅨入浴費室內
500日圓、露天600
日圓、家庭浴池2000
日圓～、火山口參觀
200日圓 🕘9～18時
最後受理（10～5月～
17時最後受理）🅧天
候不佳時 🚃JR由布
院站車程18分 🅟60
輛 **MAP** P117E1

要不要來一支有7種口味可選的冰淇淋呢？

在「みるく村レ·ビラージュ」内能嘗到腹地内牧場現擠新鮮牛奶的自家製冰淇淋，照片中為人氣口味的牛奶＆酸桔冰淇淋320日圓。
☎0977-84-5020 MAP P116C1

2　在這裏用午餐

しぜんしょくゆうど
自然食ゆうど

**感受身體的愉悦
自然派慢食午餐**

位於可一覽由布岳風光、田園地帶中的自然食餐廳。店主認為吃什麼食物就會造就什麼樣的人，因此這裡所提供的餐點都是對身體無負擔的養生料理。也販售調味料之類的自然食品。

☎0977-85-5066 住由布市湯布院塚原44-7 ⏰11時30分～14時LO，販售9～17時 休週二、三 交JR由布院站車程22分 P5輛 MAP P116C1

1堅持使用當令食材與無添加化學調味料、全部共7品的午餐1200日圓，能讓身體回歸到最原始的狀態 2晴朗好天氣時推薦可近距離欣賞由布岳的露天座

1野草煎餅12片裝840日圓～。由上至下分別為紫菀、山椒、月見草、鴨跖草 2ぽこあぽこ在西班牙文中有慢慢來的意思

3

ぽこあぽこ
ぽこあぽこ

光欣賞就很有趣的煎餅

將採摘自塚原高原的野草，一片片燒印而成的野草煎餅。優雅甜味的餅乾體，是以無農藥國產麵粉、蔗糖、土雞蛋為原料製成。野草的種類年間有100種以上。

☎0977-84-5487 住由布市湯布院町塚原180 ⏰9～16時 休不定休 交JR由布院站車程18分 P5輛 MAP P116C1

4

こーひー もくば
珈琲 木馬

**在重要的日子
來上特別的一杯**

「希望能幫客人找到專屬於自己味道的咖啡」，帶著親切笑容的老闆夫妻倆這樣說著。用自家烘焙嚴選咖啡豆沖泡的咖啡香氣濃郁，與糕點一起享用更是絕配。

☎0977-85-3385 住由布市湯布院町塚原奈良山4-35 ⏰13時～17時30分 休週一～四 交JR由布院站車程13分 P10輛 MAP P116C1

1本日蛋糕和咖啡的套餐800日圓。照片中為堅果磅蛋糕 2沉穩的綠色外觀讓人留下深刻印象

5

さじや
匙屋

**讓人賞心悦目
妝點樂趣的生活用品**

商品充滿玩心、吸引人目光的手工藝品店。竹製和木製餐具皆出自隔壁工房的純手工製作，從天然原色到鮮豔的紅色都一應俱全。

☎0977-84-5153 住由布市湯布院町塚原4-84 ⏰10～18時 休第3週二 交JR由布院站車程13分 P5輛 MAP P116C1

1照片中左至右為便當湯匙17cm1支1728日圓、甜點叉13cm1支864日圓，以下商品雖不同顏色但定價一致 2木頭種類不同顏色和觸感也會不一樣

每年初春於塚原高原所舉辦的火燒田野活動，不僅僅是為了維持牧草地的肥沃，也關係到稀有高原植物的保護。

湯平溫泉
～遊逛洋溢懷舊風情的溫泉街～
曾經以溫泉療養地熱鬧繁盛的溫泉街。
約300年前所打造的石板坡道如今依舊。

●從湯布院過來的交通方式

🚃 **電車**：由布院站搭JR九大本線普通列車12分湯平下車，搭計程車約7分

🚗 **開車**：從大分自動車道湯布院IC行經縣道216號、國道210號、縣道537號，車程11km

洽詢 ☎0977-86-2367
（湯平溫泉觀光服務處）

湯平溫泉就在這裡！

要留宿的話

おくゆのひら はなあかり
🏠 奧ゆのひら 花灯り
地處高台上、森林中的獨棟旅館。風格各異的8棟客房，皆備有室內和露天浴池。創作會席的晚餐也頗受好評。

☎0977-86-2211 由布市湯布院町湯平675-1 ¥1泊2食21150日圓 ～ ⏰IN15時、OUT10時 🚃JR湯平站車程10分（有接送）Ｐ8輛

大露天浴池。被譽為美人湯的溫泉屬於鹼性單純泉

はしもとおんせん
♨ 橋本溫泉
可輕鬆享受優質溫泉的公共浴場
只需200日圓就能利用的公共浴場共有5處，當中面積最寬敞、具開放感的溫泉就是這裡。浴槽又分為熱湯和溫湯，古老的氣氛很吸引人。

☎0977-86-2367（湯平溫泉觀光服務處）由布市湯布院町湯平356-1 ¥200日圓 ⏰6～21時30分 休無休 🚃JR湯平站車程7分 Ｐ無

▲引自源泉的鹼性單純泉，水質滑順

とくさんみやげ かねこしょうてん
🛍 特產みやげ 金子商店
名產和商品樣式豐富
販售原創手巾、毛巾等當地的伴手禮。最受歡迎的是向農家直接購買的香菇，肉厚的「冬菇」和肉質較薄、菇傘張開的「香信」隨時都有供貨。

☎0977-86-2050 由布市湯布院町湯平539-2 ⏰8～20時 休無休 🚃JR湯平站車程7分 Ｐ5輛

▲由當地藝術家所描繪的湯平風景明信片1張150日圓

▼石板坡道以及偎依在旁的花合野川

往山並高速公路

537

銀の湯♨
砂湯♨
中の湯♨
金の湯♨

石板路

湯平溫泉觀光服務處

537

🏠志美津旅館

往湯平站

N
100m

往庄內町

◀石板坡道綿延的溫泉街，江戶時代以來曾經是興盛一時的溫泉療養地

造訪融合昭和復古風情
與藝術的溫泉街──別府

走到別府的任何地方都有著蒸騰的溫泉蒸氣，
別府溫泉的特色就是多種多樣的泉質和豐富的泉量。
在古早美好的溫泉情懷裡，加上年輕藝術家的活力，
整個地區都有著令人醉心的魅力。

第1天安排參觀＆入浴，感受別府的溫泉能量。第2天遊訪別府的小巷弄、竹瓦溫泉，以及巡訪SELECT BEPPU體驗昭和懷舊風情與藝術。

第1天		
	● 大分機場	START
	51分　別府站前	
10:30	JR別府站前的手湯 …P69	
	巴士25分	

鐵輪溫泉

11:00	海地獄 …P60	
	步行14分	
12:00	地獄蒸し工房　鉄輪 …P61	
	步行5分	
13:30	鐵輪蒸湯 …P68	
	步行5分	
14:30	葫蘆溫泉 …P69	
	巴士20分＋步行5分	

別府站周邊

16:00	別府溫泉 竹と椿のお宿 花べっぷ …P80	

第2天		
		早安！
10:00	別府溫泉 竹と椿のお宿 花べっぷ …P80	
	步行13分	
10:30	別府塔展望台 …P62	
	步行7分	
11:30	竹瓦溫泉 …P66	
	步行5分	
12:00	グリルみつば …P70	
	步行5分	
13:30	platform04 SELECT BEPPU …P65	
	步行即到	
14:00	Tea Room Cozy Corner …P73	
	巴士15分	

別府港周邊

15:30	Michael Lin的壁畫 …P64	
	步行5分	
16:00	● 巴士站觀光港	
	巴士41分	
	● 大分機場	GOAL

別府就在這裡！

別府的象徵－竹瓦溫泉是必去的溫泉之一

前往溫泉湧出量日本第一的
溫泉之都

別府

べっぷ

自古就是熱鬧繁榮的溫泉地，人情味濃厚。加上國際藝術節的舉辦及外國留學生佔半數的立命館亞洲太平洋大學建校的緣故，也很有國際化的氛圍。

在年輕職人的巧手下，以竹子和黃楊木製作的傳統工藝品也有了另一番新氣象

別府

▲猫が岩山

往日出JCT

別府灣SA
スマートIC

往日出站

500

大分自動車道

血の池地獄

龍巻地獄

從別府站
搭巴士25分

海地獄

溫泉神社

西福寺

山地獄

鐵輪溫泉

鐵輪溫泉入口

別府大學站

龜川站

龜川バイパス

龜川溫泉

N
0 500m

別府灣

上人ケ浜

潮騒の宿 晴海

別府海浜砂湯

由布市

鐵輪溫泉
除了有地獄之稱的觀
賞用溫泉外，還有蒸
湯等個性豐富的溫
泉。

別府溝部学園短大

坊主地獄先

▲大平山

別府扇山GC

鶴見岳

別府市

別府大

春木

九州横断道路入口

觀光港
第3フェリー
ターミナル

Michael Lin 壁畫

別府港

別府港周邊

觀海寺溫泉
大規模旅館林立的溫
泉度假區，山坡上還
有以絕景自豪的設施
散落其間。

別府IC入口

堀田三差路

別府IC

別府市

南立石公園

別府港周邊
觀光客搭渡輪進入別
府時的玄關口，擁有
海濱砂場的龜川溫泉
也在這個地區。

港中央通り

日豐本線

10

鶴見山上站

別府纜車

別府高原站

高速公路

11

靈泉寺

觀海寺溫泉

從別府站
車程10分

杉乃井ホテル

樂天地
上站

樂天地
下站

別府樂天地

別府市役所

別府公園

52

別府溫泉
竹と椿のお宿
花べっぷ

別府站周邊

別府溫泉

別府タワ

別府北浜

別府駅前

北口

別府站

流川通り

往湯布院

往國道210號

別府站周邊
別府最具代表的溫泉
街。還殘留許多昭和
初期的古老建築，可
感受懷舊風情。

向平山

往大分IC

東別府站

往大分站

往大分

東別府站

定期觀光巴士 別府地獄巡禮

能聽到七五調的
導覽解說♪

昭和3年（1928）開始運行的地
獄巡迴遊覽巴士，也是日本首次
出現隨車導遊的知名巴士。如今
車上依舊以當時的七五調進行景
點導覽解說。

☎0977-23-5170（龜之井巴士北濱
巴士中心）¥乘車3740日圓（包含地
獄入場券），約需2小時30分，1天3
班（黃金週等假期會增班）休無休

▲不需預約即可搭乘，相當方便

a c c e s s

巴士	大分機場 ▼ 別府站前	機場連絡巴士往別府站前方向51分	博多BT ▼ 別府北浜	高速巴士往別府・大分方向2小時40分
鐵路	博多站 ▼ 別府站	JR日豐本線特級ソニック等2小時5分	車 別府IC ▼ 別府站	經由縣道52號車程6km

洽詢 0977-24-2828 別府市觀光協會 廣域MAP P120

別府觀光不可錯過的景點
首先到"地獄"瞧瞧吧

所需時間
3小時

隨處可見不斷冒出的裊裊白煙並有"地獄"之稱的名勝。
是別府絕不容錯過的觀光景點，還能品嘗以溫泉蒸氣製作的健康美食。

國家指定名勝

據說是1200年前鶴見岳噴發後所形成

① うみじごく 海地獄

面積最大！
耀眼的鈷藍色地獄

別府所有地獄中面積最大者。鮮豔的鈷藍色景觀，有種與地獄之名不相符的美感。看起來彷彿清涼大海般，但實際上水溫卻高達98度！一天的湧泉量有150萬公升。

☎0977-66-1577（別府地獄協會）住別府市鐵輪559-1 ¥入場券400日圓 ⏰8～17時 休無休 交JR別府站搭龜之井巴士往鐵輪方向23分，海地獄前下車即到 P200輛 MAP P121A3

地獄的點心

1用溫泉蒸熟的極樂饅頭1包28個裝640日圓，37個裝860日圓。在入口旁的店面販售 **2**地獄烤布丁1個300日圓。賣店有售

③ かまどじごく 灶地獄

種類豐富的地獄大集合

有咕嚕咕嚕不斷湧出的熱泥地獄和噴氣地獄、會變綠色或藍色的熱泉池等地獄。於約20分鐘園內參觀路線的終點設有免費的足湯，還有少見的砂泥足湯。

☎0977-66-1577（別府地獄協會）住別府市鐵輪662 ¥入場券400日圓 ⏰8～17時 休無休 交JR別府站搭龜之井巴士往鐵輪方向21分，鐵輪下車步行3分 P40輛 MAP P121B3

地獄的點心

如焦糖半熟乳酪蛋糕般的醬油布丁1個250日圓。賣店有售

泉溫90度

步行即到

還可花100日圓餵食河馬「昭平」

步行1分

② やまじごく 山地獄

嘶嘶作響的劇烈噴氣！

因從岩石表面如火山爆發般地噴出氣體而得此名。同時還利用溫泉的熱能飼養河馬、駱馬、猴子和紅鶴等動物。

☎0977-66-1577（別府地獄協會）住別府市鐵輪926 ¥入場券400日圓、8地獄共通參觀券2100日圓 ⏰8～17時 休無休 交海地獄前巴士站下車即到 P100輛 MAP P121A3

因酸化鐵作用而呈紅色

相傳以前祭司就是利用地獄的蒸氣來炊飯

自昭和初期以來就廣受愛用的人氣軟膏

離海地獄車程約10分的國家指定名勝「血池地獄」，有販售以地獄熱泥為主要成份的血池軟膏1400日圓。可愛又具個性的包裝也是人氣的秘密。

☎0977-66-1191 MAP P120B2

地獄蒸美味的關鍵

由於溫泉蒸氣含鹽化物泉中的鹽份，所以蒸煮後除了食材的原味還會增加些許的鹹味。

1 鮮蔬B套餐1100日圓，份量可供2〜3人享用 2 建物的右手邊為受理櫃檯，蒸氣騰騰的左手邊即蒸釜區

④ じごくむしこうぼう かんなわ
地獄蒸し工房 鉄輪

感受溫泉療養客的氣氛！體驗傳統的"地獄蒸"

可體驗鐵輪溫泉自江戶時代以前就有的傳統烹調方式—地獄蒸的設施。蔬菜和わっぱ飯等食材可於店內購買，自行攜帶也OK。試著挑戰看看當地人和溫泉療養客都愛的健康蒸煮料理吧。

☎0977-66-3775 住別府市風呂本5組 ¥地獄釜基本使用費30分以內510日圓〜，每延長10分150日圓〜（價格依蒸釜的大小而異）⏰9〜20時最後受理 休第3週三（逢假日則翌日）交鐵輪巴士站步行1分 P26輛 MAP P121C3

步行4分

體會地獄蒸的樂趣！

在發券機購買蒸釜使用費和食材券，領取食材和計時器。

工作人員會說明放入蒸釜的方法與蒸煮時間

蒸氣約有100度！為了避免燙傷需套上橡膠手套後才能取出蒸釜。

完成！透過蒸煮方式能帶出食材的鮮甜味。用餐後請將餐具清洗過再歸還。

步行即到

⑤ あしゆ
足湯

設備完善的一整排足湯

地獄蒸し工房旁的小公園內有免費的足湯，備有可坐著輪椅直接利用的無障礙足湯、蒸氣烤箱式的足蒸等。

DATA 同地獄蒸し工房 鉄輪

可將雙腳放入溫泉蒸氣箱內的足蒸

N
100m

湯けむりの里東屋
往龜川
別府山香線
鐵輪溫泉東口
癒しの宿彩葉
ここちカフェむすびの P.72
温泉神社
灶地獄 ❸
鬼山地獄
鉄輪
（亀之井巴士）
みゆき坂
いでゆ坂
鐵輪蒸湯
海地獄 ❶ 蓮池
山地獄 ❷
鉄輪地獄地帯公園
白池地獄
❹地獄蒸し工房 鉄輪
坊主地獄的鬼石之湯 足湯
海地獄前
海地獄前
九州横断道路
鐵輪口
源泉の湯宿ホテル鉄輪
❺足湯
鬼石坊主地獄
鉄輪口
往國道10號
割烹旅館かんな和 別邸
北中
別府リハビリテーション前
別府市役所出張所
往坊主地獄

加入別府地獄協會的8處地獄中有6個都集中在鐵輪溫泉。可在各窗口購買8地獄共通入場券2100日圓，逛起來比較划算。

探訪魅力無窮的別府
漫步昭和懷舊氛圍的小巷弄

所需時間
3小時

一轉進小巷裡，印入眼簾的是一片還保留著濃郁昭和風情的景致。
遊逛懷舊的街區，實際感受人情味十足的別府魅力吧。

1已被登錄為國家登錄有形文化財 2可360度眺望別府的山海全景，天氣晴朗時甚至還能遠望至四國 3別府塔的吉祥物「別府三太郎」 4復古外觀的喫茶なつめ 5喫茶なつめ的黑棗冰淇淋810日圓，濃郁的香草冰淇淋份量十足

START!

別府塔展望台
べっぷたわーてんぼうだい

長達50年受到愛戴
別府的象徵地標

高90m的別府塔，為昭和32年（1957）日本所建造的第3座高塔。設計者是也曾經手東京鐵塔的結構工程師内藤多仲。從地上55m的17樓展望台，可360度環視整個別府市區和別府灣。賣店也售有紀念品和原創商品等。

☎0977-21-3939 住別府市北浜3-10-2 ¥門票200日圓 ⏰9～22時 休週三（逢假日則照常營業）交JR別府站步行10分 P17輛 MAP P121C1 ●照片:1 2 3

歩行6分

喫茶なつめ
きっさなつめ

打開話匣子越聊越起勁
當地人的聚會場所

昭和36年（1961）創業，已延續兩代經營的老鋪咖啡廳。代表名物為黑棗冰淇淋810日圓，裡面加了酸甜風味、香氣濃郁的自家製黑棗甘露煮。此外還有使用不刺激腸胃的泉質溫泉水沖泡的溫泉咖啡550日圓，口感圓潤、很受好評。

☎0977-21-5713 住別府市北浜1-4-23 ⏰11時～18時30分LO 休週三 交JR別府站步行7分 P無 MAP P121B2 ●照片:4 5

歩行3分

塩月堂老舖
しおつきどうしにせ

以完熟柚子皮純手工製作
耀眼金黃色的「柚子醬」

明治43年（1910）創業。11～12月時出動所有員工將採收的完熟柚子皮加砂糖和麥芽糖熬煮，製作出果醬狀的柚子醬1080日圓＝即該店的招牌商品。以柚子醬為主原料的柚子羊羹1條1080日圓、柚子饅頭1個130日圓，也很受歡迎。保存期限長，很適合買來當伴手禮送人。

☎0977-23-0664 住別府市元町14-16 ⏰9～20時 休第1、3週日 交JR別府站步行10分 P無 MAP P121C2 ●照片:6 7

歩行8分

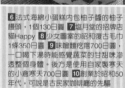

6 法式海綿小蛋糕內包柚子醬的柚子饅頭，1個130日圓 7 塩月堂的招牌店貓Happy 8 少女圖案的昭和復古毛巾1條350日圓 9 味噌麵疙瘩700日圓，一口喝下湯時能感覺蔬菜的甘甜味滲透整個身體。後方是使用自家製寒天的小盒寒天700日圓 10 創業於昭和50年代，可說是古民家咖啡廳的先驅

地圖標示：
5 茶房 信濃屋
1 別府塔展望台
海門寺溫泉
別府站
喫茶なつめ
塩月堂老舖
別府タオル
往大分站
100m

步行 10分

🛍 別府タオル
べっぷたおる

泡溫泉時就能用到
復古圖案的毛巾

毛巾專門店。印著復古少女插畫的毛巾，是利用昭和30年代描繪的原畫圖版製作。別府溫泉的名稱也印在上面，所以也很適合當作伴手禮。還有以吹風機對著和服部位吹熱風就會變成煽情圖案的毛巾1條850日圓等，充滿玩心的商品。

☎0977-22-0902 住別府市光町9-15 🕘9～18時 休週日、假日(不定) 交JR別府站步行7分 P無 MAP P121A2 ●照片：8

🍜 茶房 信濃屋
さぼうしなのや

GOAL!

加了手作麵疙瘩與
大量蔬菜的健康料理

以昭和初期的別墅改建而成的雅致空間。能品嘗到大分的鄉土料理味噌麵疙瘩700日圓。這裡的麵疙瘩是以麵粉、鹽和水揉成麵糰後桿成寬麵條狀，彈牙的口感很受歡迎。麵疙瘩沾黃豆粉的點心「瘦馬」500日圓，也很推薦。

☎0977-25-8728 住別府市西野口町6-32 🕘9～21時、週三、四～18時 休無休 交JR別府站步行5分 P8輛 MAP P121A1 ●照片：9 10

100日圓即可入浴
市內的休息溫泉

離JR別府站步行5分的距離就有間市營溫泉「海門寺溫泉」。浴池分成不同溫度的熱湯和溫湯2種，即便是不習慣熱泉溫泉的觀光客也能輕鬆享受泡湯樂趣。

☎0977-22-3625 住別府市北浜2-3-2 🚿入浴100日圓 🕘6時30分～22時30分 休年底大掃除日 交JR別府站步行5分 P3輛 MAP P121B1 泉質：碳酸氫鹽泉

建於大正10年（1921）的竹瓦小路（MAP P121C2）為日本現存最古老的木造拱廊，是一條從竹瓦溫泉延伸至流川通的小路。

正朝藝術之城蛻變中
別府的藝術計畫

近幾年常聽到別府正處於藝術化中，
追根究柢後我們發現了源頭BEPPU PROJECT。

由現代藝術家成立的NPO
別府藝術化的核心BEPPU PROJECT

於別府國際觀光港（**MAP**P120B3）2樓能觀賞到20m的大型壁畫。※①

「希望藝術成為人們日常生活中理所當然的一部分」

所謂的BEPPU PROJECT，是以別府市為活動據點的藝術非營利組織。以在城市舉辦國際藝術節為目標，由山出淳也等人於2005年4月開始推動。之後，出版介紹現代藝術與漫遊別府市街的旅遊指南『旅手帖beppu』，實施重新修繕市區空店鋪的platform計畫等各式各樣事業。分別於2009年和2012年

舉辦了別府現代藝術節「混浴溫泉世界」，每年秋天還有別府藝術月的活動。

與藝術結合的組織架構讓城市更加活性化

BEEPU PROJECT的代表理事山出淳也為活躍於國際的現代藝術家，發表過許多被稱為關係藝術、重視公共性的藝術作品。在2009年舉辦的混浴溫泉世界中，BEEPU PROJECT並非以主辦者

的立場、而是以「執行委員會的一員」身分參加，正是基於「BEPPU PROJECT只是城市與藝術的橋樑，應該由別府居民主動參與並對自己的城市感到驕傲」這樣的信念。

目前，被稱為「番台さん」的志工也陸續在增加中。原本沒有接觸藝術的居民們也開始投入，為別府這座城市注入了新的活力。

混浴溫泉世界的橫樣

在全市的舊旅館或溫泉湧出口等地都有大型竹雕※②

別府的商店街─楠銀天街（**MAP**P121C2）會在這兩個月期間變身為劇場空間※③

何謂 **混浴溫泉世界**？

為別府每3年舉辦一次的國際藝術祭典。"就像混浴一樣與性別、國籍和地位等因素無關，是大家一起共有的時間"，基於這樣的世界觀而命名為混浴溫泉世

界。至今已於2009年和2012年各舉辦一次，下次預訂在2015年7〜9月舉辦，屆時府街區又將展現出濃厚的藝術氣息。

別府現代藝術節「混浴溫泉世界」執行委員會（BEPPU PROJECT內）☎0977-22-3560

目前為止參加過的藝術家

廣瀨智央、小澤剛、Christian Marclay、Sarkis、Ann Veronica Janssens、Adel Abdessemed、Hossein Golba、Michael Lin等

※①Michael Lin ／別府04.11-06.14.09 ※②邱志傑／羅馬柱 ※③指導‧編舞 東野陽子／舞蹈公演「Void the Fill」

出自BEPPU PROJECT
與街景融合的藝術景點

2樓的紙拉門畫，
可於畫作前攝影留念

別府站周邊
ぷらっとふぉーむぜろよんせれくとべっぷ

platform04 SELECT BEPPU

遇見一流品味的伴手禮

由藝術家Michael Lin與當地建築師合作重新改建的古長屋。現在以SELECT BEPPU為名，販售大分傳統工藝品加上該店獨自創意製作而成的藝術作品。2樓還有與別府港大型壁畫成對的Michael Lin紙拉門畫。

☎0977-80-7226
住別府市中央町9-33 ¥2樓的觀賞費100日圓 ⏰11～18時 休週二（逢假日則照常營業）交JR別府站步行5分 P無 MAP P121B2

由西法寺通上100年歷史的長屋改建而成

宴會包20520日圓，內袋是以舊和服等布料再生利用

紋切盤1個1296日圓～，於竹編盤上特殊加工貼上和紙

東別府站周邊
はまわきのながや

浜脇の長屋

可以住宿的藝術作品

利用2012年混浴溫泉世界中，廣瀬智央的作品「天空之庭」、「酸桔之家」改建而成的住宿設施。以五感體會藍色光線與酸桔香氣、再以平常生活般地作息，即可細細品味琢磨作品的世界。

客廳為「酸桔之家」，天井上鑲嵌著真正的酸桔※④

☎0977-22-3560（BEPPU PROJECT）住別府市浜脇地區 ¥1晚純住宿1名6000日圓，2名10000日圓※最多容納2名。純觀賞2名1000日圓～，詳細情形請洽詢 交JR別府站步行5分 P無 MAP P120C4

利用「天空之庭」的寢室空間

還有這樣的地方！
BEPPU PROJECT
的足跡

以ONSEN觀光事業執行委員會及BEPPU PROJECT為主體，推行cities on the hook於別府市的48個地方設置琺瑯看板。仔細進行實地查訪，並加入史實、收集當地居民個人的回憶和故事。以調查內容為基礎的文章與插畫被製作成「繪本」般的琺瑯看板，分別設置在各條街道上。

▶設置在竹瓦小路（MAP P121C2）的琺瑯看板

竹工藝職人伊藤憲男

別府站周邊
ぷらっとふぉーむぜろなな
べっぷたけざいくしょくにんこうぼう

platform07
別府竹細工職人工房

近距離感受職人手藝

重新改建而成的工房，為BEPPU PROJECT也參與策劃、別府市中心市街地活性化協議會事業的一環。能欣賞到職人熟練操作大分特產的竹子工藝，也能購買展示作品。

出自伊藤憲南之手的花瓶1600日圓

☎080-3379-8170 住別府市元街5-18 ¥免費參觀 ⏰11～18時 休不定休 交JR別府站步行8分 P無 MAP P121B2

※攝影：①②④久保貴史、③安藤幸代 ⓒ別府現代藝術節「混浴溫泉世界」執行委員會

從別府站徒步可及的溫泉
瀰漫昭和年代的懷舊氛圍

彷彿會出現在老電影中的場景、饒富風情的別府溫泉。
到當地人也常利用的溫泉泡湯，享受更深入的旅遊樂趣。

因昭和12年（1879）建造當時為竹葺屋頂而得此名

男女別室內浴池
照片中的男湯為鹽
化物泉，女湯為碳
酸氫鹽泉。湯屋的
天井也有挑高，開
放感十足。

砂浴
只要躺10分鐘就
會汗流浹背，也
附設砂浴專用的
室內浴池。

たけがわらおんせん
竹瓦溫泉

"溫泉之都別府"的象徵地標

創設於明治12年，長達130年以上
深受當地居民愛用的市營溫泉。豪
華的唐破風造型建築為昭和13年
（1938）改建之物，因此在挑高大
廳等處都洋溢著昭和風情。男湯和
女湯的泉質不同為一大特色，也提
供砂浴。

☎0977-23-1585 住別府市元町16-23
¥入浴100日圓・砂浴1030日圓（附浴衣
租借）◷6時30分～22時30分（砂浴8
時～最後受理21時30分）休僅砂浴第3週
三（逢假日則翌日）交JR別府站步行10分
P無 MAP P121C2

室內也很復古風

◀如寺廟神
社建築的木
格子天井

▶柱子上的
古老時鐘，
如今依舊能
夠準報時

◀還保留昭
和風貌的榻
榻米空間

純泡湯DATA

毛巾 販售320日圓
浴巾 無
肥皂 販售50日圓
洗髮精 販售50日圓
吹風機 7分鐘100日圓
附鎖置物櫃 100日圓

since1924

室內也很復古風

造訪巷弄中充滿鄉愁氣氛的溫泉

大正15年（1926）創業的「春日溫泉」（入浴100日圓）。淡藍色的木造建築彷彿校舍般，營造出令人懷念的氛圍。

☎0977-23-1486 **MAP**P121B1

えきまえこうとうおんせん
站前高等溫泉

站前通上的洋風溫泉設施

建於大正13年（1924），尖屋頂的歐風建築讓人留下深刻印象的公共浴場。有溫湯和熱湯2個大眾池，可依自己喜好在購票機買票入浴。2樓有提供住宿，一晚純住宿的費用榻榻米大房間（合宿）1600日圓，個室2600日圓（另需支付泡湯稅各100日圓）

☎0977-21-0541 **住**別府市駅前町13-14 **￥**各浴場入浴200日圓 **⏰**6～24時 **休**無休 **交**JR別府站步行2分 **P**6輛 **MAP**P121B1

熱湯
43度的泉水正如其名。泉質為單純泉，泡湯後的光滑肌膚觸感大受好評。

溫湯
有2個浴槽，大的40度、小的檜木浴槽38度稍微低一點。

◀男湯的標誌也有種仿古氣氛

建築物為柱子等結構外露的木骨架建築樣式

▶2樓的樓梯間，左右對稱的窗戶讓人印象深刻

純泡湯DATA

毛巾 販售150日圓
浴巾 租借50日圓
肥皂 販售20日圓
洗髮精 販售40日圓
吹風機 租借10日圓
附鎖置物櫃 100日圓

這裡也不能錯過 重新整修後的歷史溫泉

ふろうせん
不老泉

泡完後肌膚清爽光滑

據說是明治時代就已存在的歷史溫泉，大正9年（1920）當時仍是皇太子的昭和天皇也曾經在此入浴。泉質為單純泉，泡湯後的肌膚觸感變得滑順。2014年8月重新改建，在各處增加了無障礙空間設計。 ☎0977-21-0253 **住**別府市中央町7-16 **￥**入浴100日圓 **⏰**6時30分～22時30分 **休**年底大掃除日（未定）**交**JR別府站步行5分 **P**9輛 **MAP**P121A2

▲浴槽在所有市營溫泉中是最大的，分為「熱湯」和「溫湯」

▲改建後依然保有風采的外觀

▶舊不老泉時代所使用的鬼瓦現在被拿來當做裝飾

純泡湯DATA

毛巾 販售220日圓
浴巾 販售750日圓
肥皂 販售50日圓～
洗髮精 販售50日圓
吹風機 無
附鎖置物櫃 100日圓

📖 別府市內有許多僅100日圓就能入浴的市營溫泉和區營的公共浴場，據稱有100間以上。

各式浴池齊聚一堂
個性豐富的純泡湯溫泉

溫泉的湧出量、源泉數都是日本第一的別府，溫泉通喜愛的個性派溫泉也很多。
在海邊被熱砂掩埋或是用藥草蒸浴出汗，體驗看看只有別府才有的特色溫泉吧。

純泡湯DATA
毛巾 販售320日圓
浴巾 無
肥皂 免費
洗髮精 免費
吹風機 免費
附鎖置物櫃 100日圓

另類浴池
● 砂浴 ●
利用砂的壓力和適當的溫度促進血液循環，排毒效果也很值得期待。

別府港周邊
べっぷかいひんすなゆ

別府海濱砂湯

邊感受輕拂臉龐的海風
邊享受米其林二星的溫砂浴

自江戶時代以來就是廣為人知的別府名物。砂的溫度和重量、舒服的海風，以及從砂堆中出來時的開放感都很特別。松林、被大海環繞的地理位置、工作人員的鋪砂技術都受到好評，於2013年出版的米其林實用旅遊指南日本版中獲得兩顆星的榮譽。

☎0977-66-5737 住別府市上人ヶ浜町9組 ¥入浴1030日圓(含室內浴池入浴費) ⏰8時30分～最後受理17時(12～2月9時～最後受理16時) 休第4週三(逢假日則翌日) 交JR別府站搭日豐本線3分，別府大學站下車步行4分 P10輛 MAP P120B3
●泉質:鹽化物泉
●適應症:割傷、燙傷、慢性皮膚病、慢性婦女病等

鐵輪溫泉
かんなわむしゆ

鐵輪蒸湯

就是要出汗!
出浴後的爽快感也是別府第一

相傳是鎌倉時代的建治2年(1276)由一遍上人所創立。所謂的蒸湯即日式三溫暖，橫躺在鋪著乾燥石菖藥草、8個榻榻米大的石室內達到出汗效果。最後再到室內浴池將汗水洗淨讓全身通體舒暢!也可穿T恤和短褲入內。

☎0977-67-3880 住別府市鉄輪上1組 ¥蒸湯510日圓(含室內浴池入浴費,浴衣租借另付210日圓) ⏰6時30分～最後受理19時30分 休第4週四(逢假日則翌日) 交JR別府站搭龜之井巴士往鐵輪方向21分，鐵輪下車步行3分 P15輛 MAP P121C3
●泉質:單純泉(蒸湯)、鹽化物泉(室內浴池)
●適應症:神經痛、肌肉痛、關節痛、慢性消化器官病、手腳冰冷等

另類浴池
● 蒸湯 ●
或許是藥草的功效還真的讓人汗流不止!乾燥藥草的香氣也很有療癒效果。

▲這就是石菖，常群生在清流沿岸

純泡湯DATA
毛巾 販售200日圓
浴巾 租借150
肥皂 免費
洗髮精 免費
吹風機 免費
附鎖置物櫃 100日圓

溫泉湧出量日本第一的別府才有的體貼服務

一出JR別府站東口馬上映入眼簾的就是免費的手湯。正如其名只需將手放入漿潤即可，可奢侈地享受不斷湧出的源泉水。

MAP P121A1

純泡湯DATA

毛巾 販售200日圓
浴巾 租借100日圓
肥皂 免費
洗髮精 免費
吹風機 免費
附鎖置物櫃 免費

另類浴池
● **溫泉吸入浴**
吸一口就能滋潤喉嚨，輕敷在臉頰上還可讓肌膚保濕，聽說連上妝的效果也會變好。

這個也很另類
溫泉霜淇淋350日圓，還添加以溫泉水製作、口感Q彈的果凍。

鐵輪溫泉
ひょうたんおんせん
葫蘆溫泉

能體驗多樣種類的浴池宛如溫泉主題樂園般

大正11年（1922）創業。溫泉富含被稱為天然保濕成分的珪酸，有從6m高處落下的瀧湯以及砂浴（浴衣租借另付330日圓）、蒸湯、步行浴等種類相當豐富。也備有能品嘗地獄蒸料理的餐廳和免費休息的地方。

☎0977-66-0527 🏠別府市鐵輪159-2 💴入浴750日圓（18時以後560日圓）🕘9時～翌日1時 🈺無休（4、7、12月有臨時休業）🚌JR別府站搭龜之井巴士往鐵輪方向21分，鐵輪站下車步行6分 🅿80輛 **MAP** P121C4
● 泉質：氯化鈉泉
● 適應症：神經痛、肌肉痛、關節痛（浴用）、慢性消化器官病、慢性便秘（飲用）等

純泡湯DATA

毛巾 免費租借
浴巾 免費租借
肥皂 免費
洗髮精 免費
吹風機 免費
附鎖置物櫃 免費

觀海寺溫泉
すぎのいほてる「ざ あくあがーでん」
杉乃井ホテル「ザ アクアガーデン」

彷彿與天空合而為一能享受漂浮氣氛的溫泉

可像游泳池般著泳衣利用的溫泉設施。2300㎡的寬廣空間內，有展望SPA、使用溫泉泥的泥療浴、鹽浴，以及聲光饗宴的夢幻水舞秀。更衣室與鄰接的絕景露天浴池「棚湯」通用，因此能自由自在地來來去去。

☎0977-24-1141 🏠別府市観海寺1 💴入浴1500日圓（與棚湯的套票週六日、假日2000日圓）🕘12時～最後入場21時30分 🈺無休 🚌JR別府站搭免費接駁巴士15分 🅿1000輛 **MAP** P120B3
● 泉質：氯化鈉泉
● 適應症：神經痛、手腳冰冷、肌肉痛、疲勞恢復、慢性婦女病等

另類浴池
● **展望SPA**
白天能遠眺別府灣的絕景，晚上則可欣賞點點閃爍的美麗夜景。

📖 鐵輪溫泉的源泉周邊由於地熱而特別溫暖，即使在冬天也能看到九重葛之類的南國風情花卉。

傳承子孫三代在當地也備受喜愛！
復古風情的懷舊美食

別府人的最愛，是與復古街景相襯、帶點懷舊氛圍的古早味。
從傳承三代的洋食店招牌菜色到傳說中的在地佳餚，請盡情地大口享用吧！

✟ 炸牛肉排
1728日圓

使用做牛排也很好吃的菲力牛肉，份量飽滿。

別府站周邊

ぐりるみつば
グリルみつば

現點現炸的飽滿炸肉排
讓心情也跟著滿足

昭和28年（1953）創業的洋食店。以自家製麵包粉鎖住鮮甜的炸肉排多汁味美，代代相傳的肉醬不僅增添風味還帶出洋食特有的華麗感。

☎0977-23-2887 住別府市北浜1-4-31 ⏰11時30分～13時30分LO、17～20時LO 休週二 交JR別府站步行8分 P 3輛 MAP P121B2

1 也能在吧檯座享用鐵板燒
2 在巷弄中也很吸引人目光的可愛外觀

再來一道！

蒜蓉醬油風味與清爽口感完美搭配的雞肉天1026日圓

1

2

雞肉天齊名的別府名產
別府冷麵的
專賣店

別府冷麵據傳是戰後從舊滿州撤退的廚師，將朝鮮冷麵改良成和風口味演變而來。「冷麵·溫麵專門店胡月」的冷麵700日圓，高雅的湯頭深受歡迎。

☎0977-25-2735 **MAP** P120B3

再來一道！
肉質軟嫩！
菲力牛排午餐
150g 2300日圓～

⊹
そむり午餐
1200日圓（午間限定）
喜歡漢堡排的人一定
要嘗嘗，還附湯、沙
拉和濃縮咖啡。

別府站周邊
そむり
そむり

彷彿為大人所設計的兒童餐！夢幻的一品

從大分縣的銘柄牛─豐後牛
牛排到平價午餐應有盡有。
店家引以為傲的肉醬，是用
切牛排後多餘的肉塊下去熬
煮製成。

☎0977-24-6830 **住**別府市北浜
1-4-28笠岡商店ビル2階 **時**11時
30分～13時30分LO、17時30
分～21時LO **休**週一 **交**JR別府
站步行8分 **P**無 **MAP** P121B2

1各座席間隔寬敞，散發著沉穩氛圍
2店面就設在自家公司大樓的一角

再來一道！
滿滿的配料！
魚翅羹燴炒飯
1100日圓

⊹
雞肉天婦羅
1080日圓
新鮮雞蛋加特製醬油調
配而成的麵衣，酥脆的
口感讓人欲罷不能。

別府站周邊
れすとらん とうようけん
レストラン東洋軒

麵衣減量的健康雞腿肉天婦羅

別府雞肉天的創始店。使用
雞腿部位的雞肉天，由於去
皮減少了脂肪量而變得健
康。刀削麵1100日圓等中華
料理也很豐富。

☎0977-23-3333 **住**別府市石垣東
7-8-22 **時**11時～14時30分LO、17
時～21時30分LO（週六、假日11
時～21時30分LO）**休**無休 **交**JR別府
站車程10分 **P**24輛 **MAP** P120B3

1也很受家庭客群喜愛的明亮店內
2大正15年（1926）創業的老店

雞肉天指的就是源自別府的雞肉天婦羅。標準的吃法是沾醋醬油等佐料或芥末一起享用。

在別府發現的美好空間
在口袋名單的咖啡廳小歇一會

邊品嘗以養生食材製作的甜點或手作派塔，邊細細回味旅途中的點滴…。
接下來就為大家介紹能這般悠閒度過的口袋名單咖啡廳。

放入口袋名單的理由
日照良好的獨棟店
面。據說為了搭配
這樣的空間，家具
都是從骨董店等收
集而來

2種蛋糕拼盤
324日圓
抹茶奶酪
378日圓（後）

可從常備的4～5種
條狀蛋糕中任選2
種（照片為示意圖）

▲以自家製果醬
和糖漿製成的季
節水果蘇打各594
日圓

鐵輪溫泉周邊
ここちかふぇむすびの
ここちカフェむすびの

在屋齡超過100年的風雅建築物小憩片刻

改裝自明治40年（1907）的建築物。基於前
身為醫院的緣由所以只提供健康養生的餐
點，製作不添加奶油和雞蛋的甜點及使用當
季水果的飲料，還有利用低溫蒸煮帶出食材
鮮甜的午餐1080日圓～等。同時還販售以當
地藝術家為主的手工雜貨。

☎0977-66-0156 住別府市鉄輪上1組 ⏰11時30分
～21時LO（週日、假日8時30分～10時LO、11時30
分～21時LO※週一～三的夜間營業請洽詢 休週四（逢
假日則照常營業）交JR別府站搭搭亀之井巴士往鐵輪方
向21分，鐵輪下車步行5分 P3輛 MAP P121C3

▲旁邊即公共浴場─
熱の湯（MAP P121
C3）

手作雜貨也很豐富

◀口金包1728日
圓～，為旅居大
分的藝術家キクチ
ガマグチ的作品

▼由目前居住在大
分的羊毛氈作家＊
fluri＊所製作的指
人偶1個756日圓～

▲熊本縣天草─陶丘工房
的小鉢（中央）1404日圓等

不愧是別府！
連咖啡廳
都有溫泉

吸引全國溫泉粉絲齊聚的「茶房たかさき」。開放腹地內的自家溫泉，只要在茶房消費（咖啡450日圓、蛋糕套餐750日圓等）即可免費泡湯。
☎0977-23-0592 MAP P120B4

WARAWA奶油
乳酪蛋糕套餐 773日圓
奶油乳酪的用量是一般食譜的2倍多，口感濃郁。

觀海寺溫泉周邊
わらわかふぇ

WARAWA Café

在絕景咖啡廳悠閒度過

咖啡廳位於從市區稍往上走的高台上，眺望視野絕佳。時髦可愛的寬敞店內置有舒適的沙發，很受女性顧客和情侶的青睞。除了自家製甜點外，還有蛤蜊義大利麵907日圓等多樣餐點可以選擇。

☎0977-26-7376 住別府市南立石1區1-7A 營12~23時 休週三休 交JR別府站車程6分 P6輛 MAP P120B3

放入口袋名單的理由
可從窗邊座位眺望別府灣的景色，沙發坐起來也很舒服。

桃子塔 380日圓
波麗露（紅茶）420日圓
冬~春天為草莓或蘋果、夏天是桃子，秋天則有無花果口味的派塔。

別府站周邊
てぃーるーむこーじーこーなー

Tea Room Cozy Corner

來份派塔享受紅茶時光

只有吧檯座的紅茶店。就算不太懂紅茶也不需擔心，可由店主村谷慶治依當時的氣氛或時間帶幫忙挑選適合茶款。搭配豐富水果的自家製派塔也絕不可錯過。

☎0977-75-8187 住別府市元町3-2 營12時30分~15時30分、17時30分~21時30分 休週二 交JR別府站步行5分 P1輛 MAP P121B2

放入口袋名單的理由
有如在自家般的氛圍，與紅茶達人的店主聊天也很有意思。

惠那的栗子紅豆湯
750日圓（附茶）
選用盛產地岐阜縣惠那所進貨的栗子，夏天還會供應冰涼的栗子紅豆湯。

別府站周邊
さとうけいびじゅつかんきっさしつ

佐藤溪美術館喫茶室

用手作和風甜點讓心情沉澱

佐藤溪美術館（☞P78）內的喫茶室，若只是純粹來喝茶就不需要入館費。在店家招牌的紅豆湯內加了滿滿的栗子，恰到好處的甘甜滋味將旅途的疲憊一掃而空。咖啡也很推薦。

☎0977-22-0008 住別府市青山町9-45聽潮閣內 營11~17時（入館~16時30分） 休週三、四（逢假日則翌日） 交JR別府站步行14分 P7輛 MAP P120B4

放入口袋名單的理由
佐藤溪的作品以及國家登錄有形文化財的建築物等等，有許多值得一看的地方。

位於別府灣SA「玄林館」（☞P79）的B-speakcafe，展望視野絕佳。可點杯飲料搭配P蛋糕捲（☞P40）享用。

蘊藏職人滿滿的心意
最適合當伴手禮的手作雜貨

還保留老鋪店家的別府街道上，有許多對手工藝創作投注滿腔熱情的人。
以下將為大家介紹送禮和自用兩相宜、充滿溫暖觸感的手作雜貨。

輕巧
堅固又漂亮

累積30年的
真功夫

竹製托特包
1個26000日圓
※訂製販售

竹子變成深琥珀色
需30年之久。利用
皮革補強，底部再
打上圓釘讓耐用度
UP。**D**

野餐籃
1個13000日圓
竹編出乎意外的堅固，很
適合戶外使用。**D**

好想全部
都試試！

利用天然的
保濕力
鎖住水分

連標籤
都很有型

De bouboutin的原創護
膚商品
1個1620日圓～
富含明礬溫泉礦物質成份的
沐浴鹽等。**E**

べっぴん泉
1罐 80g 1296日圓
使用100％別府溫泉的噴霧化
妝水，滲透力絕佳，能讓肌膚
保水濕潤。**B**

別府八湯皂
1個 40g 864日圓
以別府八湯各自功效的溫泉水
製成。**B**

別府站周邊
あかしぶんしょうどう

明石文昭堂 **A**

昭和2年（1927）創業的老字號文具店，
人氣商品是全部共12色的特製墨水。

☎0977-22-1465 住別府市駅前町11-10
🕘9時30分～19時
（週六10時～、週日、
假日～18時）休第3
週日 交JR別府站步
行2分 P12輛
MAP P121A2

別府站周邊
えっちびようしつ

エッチ美容室 **B**

昭和7年（1932）創業。現任社長
將國外習得的美容知識充分活用，
開發出專屬於別府的化妝品。

☎0977-22-4005
住別府市北浜2-1-28
🕘9～18時 休週
一、第3週二 交JR別
府站步行5分 P無
MAP P121B1

松原町
べっぷつげこうげい

別府つげ工芸 **C**

大正8年（1919）傳承至今，專門製作別
府傳統黃楊木工藝品的工房。鄰接的商
店內還有販售創新風格的黃楊木商品。

☎0977-23-3841
住別府市松原町10-2
🕘8時30分～17時
休週日、假日 交JR
別府站步行20分 P7
輛 MAP P120C4

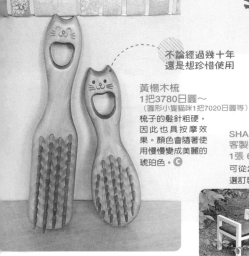

不論經過幾十年
還是想珍惜使用

黃楊木梳
1把3780日圓～
（圓形小隻貓咪1把7020日圓等）
梳子的髮針粗硬，
因此也具按摩效
果。顏色會隨著使
用慢慢變成美麗的
琥珀色。C

就像是電影布景般
以昭和4年（1929）興建的建築營業
的「松下金物店」。店內販售著古
早美好的昭和時代生活用品，或許
還可以找到絕版的寶物呢。
☎0977-24-0128 MAP P121B2

別府 ● 最適合當伴手禮的手作雜貨

SHABBYCHIC。的
客製椅子
1張 6000日圓～
可從25種以上的顏色中挑
選訂製。F

De bouboutin的
小小盒
1個 378日圓～
一個個由職人細心手
糊製成，為耐用度極
高的商品。E

還有家飾品

獨特的命名
也很有意思

天然塗料
讓人安心

木盒也
作工細緻

明石文昭堂的
鋼筆墨水
1瓶 2160日圓
以黃昏夕陽、蔚藍
大海為意象推出的
BEPPU海岸藍。A

SHABBYCHIC。的
特製香皂
木盒裝1個 1000日圓
玫瑰&牛奶散發出能讓
人放鬆心情的香氣，也
推薦用來洗臉。F

別府站周邊
ぷらっとほーむぜろよんせれくとべっぷ D
platform04 SELECT BEPPU

改裝自有100年歷史的長屋，販售與
別府有淵源的藝術家和職人作品。

☎0977-80-7226 住別府市中央町9-33
¥僅參觀2F100日
圓 🕐11～18時
休週二（逢假日則照
常營業）交JR別府
站步行5分 P無
MAP P121B2

別府IC周邊
どぅ ぶぶたん
De bouboutin E

販售以歐洲骨董為設計主題的特製
BOX與原創護膚商品。

☎0977-24-3903
住別府市扇山6-2-
2A'103 🕐11～16
時 休週日～二 交JR
別府站車程15分 P4
輛 MAP P120A3

明礬溫泉
しゃびーしっく
SHABBY CHIC。 F

生活雜貨的品味有口皆碑的店家。
也提供宅配客製家具，1件5000日
圓～。

☎0977-66-9872
住別府市明礬5-2
🕐10～18時 休週
日 交JR別府站車程
15分 P6台 MAP
P120A2

📖 別府的竹工藝成為眾所周知的工藝品，據說是從室町時代生產行商用的旅籠時開始的。

商品豐富齊全＆車站地下街
想買回家的美味伴手禮

忘了買伴手禮也沒關係，以下將介紹回程時方便購買的伴手禮賣店。
美味名產大集合，從別府知名的甜點到能擺上餐桌的鄉土料理都有。

❀想跟大家一起分享的甜點伴手禮❀

ぼんまるせの
べっかく かぼすあじ
凡真留是的
別格酸桔味
小702日圓

清爽甘甜、蓬鬆濕潤
的蜂蜜蛋糕。包裝盒
看起來很高級，但價
格便宜，非常適合買
來當伴手禮。除了使
用大分縣產酸桔所製
作的酸桔口味外，還
有蜂蜜口味。冷藏後
會更加美味，請務必
嘗試看看。Ａ

> 散發出高雅
> 甜味的別府最新
> 熱門伴手禮

> 全國也擁有
> 許多粉絲的
> 大分代表銘菓

ざびえるほんぽのざびえる
ざびえる本舖的
ざびえる
6個裝 648日圓

為了歌頌從前造訪豐後
國的法蘭西斯柯・薩皮
耶，而創作出融合和洋
特色的人氣甜點。奶油
風味的外皮加上純和風
的白豆內餡，並隱隱散
發出蘭姆酒葡萄乾的香
氣。Ｂ

ぼんまるせの
おんせんたまご
凡真留是的溫泉蛋
6個裝 756日圓
做成別府名產溫泉蛋
形狀的蜂蜜蛋糕，內
餡有卡士達、酸桔、
草莓、乳酪、巧克力
等5種特製鮮奶油。Ａ

> 色彩繽紛的
> 鮮奶油在口中
> 瞬間融化

> 承襲傳統
> 製法的優雅
> 甜味與風味

こごろうほのせつげっか
古後老舖的
雪月花
6包裝 1015日圓

創業於明治元年
（1868）的糕點老
店。糯米薄餅皮加上
只使用砂糖慢慢攪拌
製成的柚子餡。外盒
上是出身大分的畫家
福田平八郎的作品，
也很有特色。Ｂ

別府伴手禮的始祖
閃耀琥珀色的
酸桔漬

文旦漬專門店「三味さぼん店」。以創業後傳承至今的糖蜜製作、味道濃郁的琥珀（右）以及新糖蜜製成、口味清爽的べっこう（左），各540日圓廣受好評。包裝也很別緻。
☎0977-23-1664 (MAP)P121B2

讓餐桌更澎湃的美食伴手禮

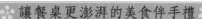

ふくみやの
ちりめんのはな・こえびのはな
福味屋的
ちりめんの花 70g 648日圓
小えびの花
100g 648日圓

本店設在別府的小魚乾專門店，以豐後海峽所捕獲的海鮮為材料製作。ちりめんの花是將小魚乾加入當地特產的柚子皮，小えびの花則是小蝦米和山椒炊煮而成的佃煮。**B**

はっぽうどうのぶんごつくだに、
しいたけのり、からししいたけ
八宝堂的
豐後佃煮、椎茸海苔、
芥末椎茸
120g 各648日圓

以麥芽糖和蜂蜜等無添加、無砂糖製成的秘傳醬汁所熬煮出的椎茸佃煮。使用別府的醬油和味噌麴等，帶出溫和的甜味。**B**

> 濃醇的醬油香與白飯相當對味

> 創業以來始終不變的傳統好滋味

にっこうしょくひんの
たけかわだんごじる
日光食品的
竹皮だんご汁
一人份 648日圓

以麵粉製成的平寬麵搭配蔬菜和豬肉等食材熬煮的湯汁，即大分的鄉土料理だんご汁。這個組合包中有附麵麴和味噌高湯，能夠輕鬆做出だんご汁。**A**

やつしかしゅぞうの
かぼすリきゅーる
八鹿酒造的
酸桔利口酒
25度 100ml 320日圓

以大量大分縣產天然酸桔果汁釀製的利口酒，風味酸甜、口感層次豐富。酒精濃度為偏高的25度，因此建議兌1～3倍的蘇打水或水飲用。**A**

> 富含維生素、有益健康的酒

> 也可加醬油做出不同的味道

在這裡尋找伴手禮

別府站
ぼんまるせ
原創商品羅列
凡真留是 A

位於JR別府站境內的伴手禮店。開發、販售多款原創性十足又充滿玩心的別府伴手禮，從甜點到地方酒、雜貨等商品一應俱全。
☎0977-73-9540 (住)別府市駅前町12-13 (時)8～21時 (休)無休
(交)JR別府站境內（剪票口前） (P)無 (MAP)P121A1

別府站周邊
ときわべっぷてん
招牌伴手禮齊聚
トキハ別府店 B

大分當地的老字號百貨公司，地下一樓設有集合大分特產和銘菓的鄉土美食賣場。
☎0977-23-1111 (住)別府市北浜
2-9-1 (時)10～19時 (休)不定休 (交)JR別府站步行5分 (P)620輛
（消費1000日圓以上可免費停2小時） (MAP)P121C1

港站 別府交通中心（(MAP)P120B3）內設有鄉土料理埋店，並且陳列著2000多樣來自大分縣和九州各地的特產品。

別府的推薦景點

別府站周邊
平野資料館
ひらのしりょうかん

穿越時空回到昔日的別府

展示明治～昭和初期約200件別府相關史料的資料館。別府的照片、書籍、從大正到昭和初期製作的觀光海報等展示物，全都是館長平野先生自己的收藏品。**DATA ☎**0977-23-4748 **住**別府市元町11-7 **¥**免費 **⏰**14時～18時30分(需事前連絡) **休**不定休 **交**JR別府站步行10分 **P**無 **MAP**P121C2

別府站周邊
佐藤溪美術館
さとうけいびじゅつかん

在國家登錄有形文化財的建築物內鑑賞藝術

設於昭和4年(1929)所建的近代和風建築・聽潮閣內的美術館，展示著昭和35年(1960)在湯布院去世的流浪詩人畫家佐藤溪的作品。**DATA ☎**0977-22-0008 **住**別府市青山町9-45(べっぷアリーナ前) **¥**入館600日圓 **⏰**11～17時(入館～16時30分) **休**週三、四(逢假日則翌日) **交**JR別府站步行14分 **P**7輛 **MAP**P120B4

觀海寺溫泉
別府樂天地
べっぷらくてんち

造訪山上充滿懷舊氣氛的遊樂園

可搭乘昭和4年(1929)創業以來就存在的登山纜車前往山頂，園內還設有溫泉。**DATA ☎**0977-22-1301 **住**別府市流川通り18 **¥**入園1300日圓 **⏰**10～16時(有季節性變動) **休**週二(冬、春、夏天假期、黃金週、假日則照常營業)，1月中旬～2月底僅週六日、假日營業 **交**JR別府站搭龜の井巴士往鐵輪方向14分，ラクテンチ下車即到 **P**700輛(付費) **MAP**P120B4

鐵輪溫泉
大分香りの博物館
おおいたかおりのはくぶつかん

製作世界上獨一無二的香水

從西元前5世紀的香水瓶到現代的香水，展示眾多收集自世界各地的香水珍藏。也能學習到有關香水的歷史。另外，還有製作原創香水的調香體驗(所需30分鐘，要預約，30㎖ 2200日圓～)。**DATA ☎**0977-27-7272 **住**別府市北石垣48-1 **¥**入館500日圓 **⏰**10～18時 **休**無休 **交**JR別府站車程12分 **P**20輛 **MAP**P120B3

大分市
大分海洋宮殿水族館「海蛋」
おおいたまりーんぱれすすいぞくかん うみたまご

充滿體驗型活動的水族館

重視與動物接觸互動的水族館，一天含有兩場活力十足的海豚秀和頑皮的海象表演。可直接觸摸海星等水中生物的Touch Pool也很受歡迎。**DATA ☎**097-534-1010 **住**大分市神崎山下海岸 **¥**入館2200日圓 **⏰**9～18時 **休**冬天會連續2天左右休館 **交**JR別府站搭大分交通巴士往大分站方向15分，高崎山自然動物園下車即到 **P**800輛(付費) **MAP**P120C4

大分寺
高崎山自然動物園
たかさきやましぜんどうぶつえん

不禁讓人會心一笑的猴子家族

約有1500隻野生日本獼猴在此棲息。平常住在深山的猴子們為了覓食，一同前往餵食地點聚集的場景也很壯觀。**DATA ☎**097-532-5010 **住**大分市神崎3098-1 **¥**入園510日圓 **⏰**8時30分～17時 **休**無休 **交**JR別府站搭大分交通巴士往大分站方向15分，高崎山自然動物園下車即到 **P**800輛(付費) **MAP**P120C4

column
跟著那卡西藝人
漫步夜間的竹瓦巷道

由老練的那卡西兩人組邊唱邊介紹霓虹燈閃耀的夜晚溫泉街。**DATA ☎**0977-23-4748(平野資料館) **¥**參加費1000日圓(含導覽費，附紀念懷舊風景明信片) **休**第2、4週五舉辦。20時30分～約需70分(路線會依日期而有不同)※遇大雨、天候不佳時取消 **交**竹瓦溫泉(☞P66)前集合 **P**無 **MAP**P121C2

每當海豚一躍而起時總會引起熱烈的歡呼聲

照明也很講究的夢幻空間

別府站周邊
チョロ松
ちょろまつ

別府名產「鴨湯」的創始店

別府宵夜的選項，不是拉麵、而是鴨湯。將鴨肉、蔬菜、豆腐放入土鍋炊煮，湯頭鮮甜。如今也名列在別府居酒屋等店家的菜單之中，但チョロ松是早從昭和30年左右就開始供應這道菜了。鴨湯1290日圓。**DATA ☎**0977-21-1090 **住**別府市北浜1-4 **⏰**17時30分～23時LO **休**週一(逢假日則翌日) **交**JR別府站步行5分 **P**無 **MAP**P121B1

別府站周邊
🍴 かいせんいづつ
海鮮いづつ

大啖平價新鮮海產

由鮮魚店所經營的餐廳。堅持只使用九州近海捕獲的天然海魚，老闆每天親自到市場挑選的魚貨鮮度甚佳。關鯖魚的生魚片一人份2000日圓～（照片為兩人份），價格實在。請事先預約。(DATA) ☎0977-22-2449 (住)別府市楠町5-5 (時)11～15時LO、18～22時LO (休)週一（逢假日則翌日）(交)JR別府站步行10分 (P)無 (MAP)P121C2

別府站周邊
🍴 おしょくじどころ とよつねほんてん
お食事処 とよ常本店

酥脆多汁的天麩羅蓋飯讓人讚不絕口

有兩條特大炸蝦和茄子、南瓜等炸蔬菜，份量滿點的天麩羅蓋飯附紅味噌湯750日圓。還販售淋在天麩羅蓋飯上的芝麻油風味偏甜醬汁350日圓，可當成伴手禮送人。(DATA) ☎0977-22-3274(雄飛飯店內) (住)別府市北浜2-13-11雄飛飯店1F (時)11～14時、17～22時 (休)週三 (交)JR別府站步行7分 (P)20輛 (MAP)P121C1

別府站周邊
🍴 ぎょうざせんもんてん こげつ
ぎょうざ専門店 湖月

只有吧檯座位的巷弄美食名店

昭和22年（1947）創業的餃子老店。菜單只有煎餃一人份15個600日圓和瓶裝啤酒600日圓兩樣。重視食材與手工擀的薄皮餃子，煎到外表酥脆、香味四溢。請搭配店家自製的辣油和醬料一起享用。(DATA) ☎0977-21-0226 (住)別府市北浜1-9-4 (時)14時～21時30分 (休)週二 (交)JR別府站步行7分 (P)無 (MAP)P121B1

別府站周邊
🍴 やきにくいちりき
焼肉一力

受當地人喜愛的推薦餐廳

頂級豐後牛里脊肉一人份1300日圓等，食材均由店主親自採購因此價格相當優惠。店門口掛有紅色燈籠，小巧的店內充滿著懷舊氣氛。經常一開店營業就客滿，所以最好事先預約。(DATA) ☎0977-24-6783 (住)別府市駅前本町6-37 (時)17～24時 (休)週四 (交)JR別府站步行2分 (P)12輛 (MAP)P121B1

別府站周邊
🍴 たけや
TAKEYA

當地人聚集的休憩空間

位於竹瓦溫泉的對面。有自然光灑落的店內，給人明亮開放的印象。人氣菜單是點心套餐300日圓，可同時享用在寬平麵上灑黃豆粉和砂糖的大分名物「瘦馬」以及點餐後才現炸的咖哩麵包。(DATA) ☎0977-23-1006 (住)別府市元町15-7 (時)11～18時 (休)不定休 (交)JR別府站步行10分 (P)無 (MAP)P121C2

別府站周邊
🏢 べっぷわんさーびすえりあ げんりんかん
別府灣SA「玄林館」

新型態的高速公路服務區

由山莊無量塔（☞P47）經營，呈現出與以往服務區完全不同氛圍的優質空間。從連結雙向服務區的步道能眺望別府灣的絕景，沿途的咖啡廳、餐廳、蕎麥麵店等皆可自由利用。(DATA) ☎0977-66-1260 (住)別府市大字內竈 (時)7～20時（依設施而異）(休)無休 (交)大分自動車道別府IC車程3分 (P)上層87輛、下層111輛 (MAP)P120A2

別府站周邊
👜 べっぷえきいちば
べっぷ駅市場

既復古又熱鬧的別府市民廚房

位於JR別府站南側高架道路下、約30間店鋪相連的市場，為車站內4條商店街中的其一。寬約2m的狹窄小巷內，魚店、肉店和熟食店等並排而立，散發出一股懷舊風情。與店家討價還價也很有樂趣。(DATA) ☎0977-22-1686(JR九州物業管理別府營業支店) (住)JR別府站南側高架道路下 (時)(休)依店鋪而異 (交)JR別府站南閘票口步行3分 (P)無 (MAP)P121A2

別府站周邊
👜 じぇのば
ジェノバ

營業至深夜的義大利冰淇淋店

濃郁的娟姍乳加大量新鮮水果製成的義大利冰淇淋，餅乾杯裝單球360日圓、杯裝單球410日圓。店裡常有25種獨創口味的冰淇淋。晚上總會聚集下班回家的上班族或聚餐結束的學生，相當熱鬧。(DATA) ☎0977-22-6051 (住)別府市北浜1-10-5 (時)15～24時 (休)週一 (交)JR別府站步行5分 (P)無 (MAP)P121B1

簡單的色調與洗練外觀

用餐菜單中的甜點類也很豐富

 抱持著修復竹瓦小路拱廊街的心願而製作的TAKEYA名物便當「別府灣弁当たみこの夢」1080日圓，可於別府站內的Kiosk購得。

透過SPA和美容療程煥然一新
讓女生體驗極致享受的旅館

飽覽別府觀光後,不妨來趟SPA和美容療程享受幸福的片刻。
一掃平日的疲勞,度過一段身心都能獲得釋放的極致舒壓時光吧。

別府站周邊

べっぷおんせん
たけとつばきのおやど はなべっぷ

別府溫泉
竹と椿のお宿 花べっぷ

赤腳走在旅館內的自在感
還有許多針對女性的貼心服務

舒適氛圍讓人倍感輕鬆自在的旅館,是以可愛的桃紅色山茶花品種「別府」來命名。在玄關大廳脫下鞋子後,即可以赤腳之姿走進館內。鋪著榻榻米和竹地板的館內走起來很舒服,心情也能隨之放鬆。並以提供對身體有益的健康料理為自豪特色。

☎0977-22-0049 🏠別府市上田の湯町16-50 🚆JR別府站步行6分 🚌無接送 🅿15輛 ●30室 ●2012年4月全面改裝
MAP P120B3 ●浴池:有室內 有露天
●泉質:氯化鈉、碳酸氫鹽泉 ●可純泡湯

以竹子編織牆圍繞、鋪著榻榻米的大廳,可邊眺望日本庭園邊休息放鬆

CHECK
＊1泊2食費用＊
平日15810日圓～ 假日前日17970日圓～
＊時間＊
IN15時、OUT11時

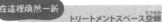
在這裡煥然一新

トリートメントスペース空蟬

足部保養、身體護膚以及使用山茶花油的美容療程等,20分2500日圓～(需預約)。

温泉ミストサウナ

大眾池內設有100%溫泉的蒸氣三溫暖,代謝老廢物質的排毒效果令人期待。

1 使用大分冠地雞和自家農園採收的蔬菜等大量當地食材烹調的晚餐 2 女湯的露天浴池,室內還備有超微細氣泡浴池(酵素浴池) 3 早餐是土鍋炊飯 4 鋪著榻榻米和竹地板的和洋室

🗻引自源泉 🍱房間用餐 💄有美容療程 🚭有禁菸房 ♨有大眾池 🛏單人入住OK 💻可上網

觀海寺溫泉

すぎのいほてる
杉乃井ホテル

彷彿獨棟建築般的氛圍
簡潔高雅的行政客房

以成熟大人的隱居場所為設計概念的Hermitage Floor，利用大分的特產品－竹工藝及小鹿田陶器為主題做裝飾。全室附半露天浴池，備品則採用BVLGARI系列。還可免費使用「棚湯」和「ザ アクアガーデン」（☞P69）。

☎0977-24-1141 ⊞別府市觀海寺1 ⊠JR別府站車程10分 □有接送 ℗1000輛 圀603室 ●1944年8月開業 ⛰MAP P120B3 ●浴池：有室內　有露天 ●泉質：鹽化物泉 ●可純泡湯

在這裡煥然一新

Hermitage Floor
專用的交誼廳
此樓層客房專用，備有無酒精飲料、雜誌和電腦。

Hermitage Floor的海景洋室（其中一例）

CHECK
＊1泊2食費用＊
平日21210日圓～　假日前25530日圓～
＊時間＊
IN14時、OUT11時

在這裡煥然一新

サロンR
以療癒、美容和健康為主題的療程，快速足部保養20分3240日圓～（需預約）。

CHECK
＊1泊2食費用＊
平日24490日圓～　假日前27150日圓～
＊時間＊
IN15時、OUT11時

別府港周邊

しおさいのやど せいかい
潮騷の宿 晴海

高人氣的景觀獨棟客房
2014年夏天重新裝修

全室皆為海景＆附露天浴池的度假旅館。景觀獨棟客房就位於與電梯走廊相連的小樹林盡頭，隱密性十足。館內還有2處能度過輕鬆時光的舒壓區。

☎0977-66-3680 ⊞別府市上人ヶ浜町6-24 ⊠JR別府大學站步行10分 □無接送 ℗70輛 圀46室 ●1988年開業 ⛰MAP P120B2 ●浴池：有室內　有露天 ●泉質：鹽化物泉 ●無純泡湯

總面積129㎡，寬敞的景觀獨棟「朝霧」

別府站周邊

ほてるしらぎく
ホテル白菊

體驗60年老字號旅館
賓至如歸的服務

由4名主廚共同打造的豐富和洋料理，以及美肌效果超群的泉質、開放感十足的露天浴池都極具人氣。老字號旅館特有的貼心接待更是讓人感動。也提供溫泉附午餐及美容療程的純泡湯套裝行程4800日圓～（需預約）。

☎0977-21-2111 ⊞別府市上田の湯町16-36 ⊠JR別府站步行8分 □無接送 ℗70輛 圀98室 ●1950年3月開業 ⛰MAP P120B3 ●浴池：有室內　有露天 ●泉質：單純泉 ●可純泡湯

位於本館頂樓的和室客房

在這裡煥然一新

癒しのセラピー
散發精油香氛與力道恰到好處的油壓按摩20分3240日圓～（需預約）。

CHECK
＊1泊2食費用＊
平日19440日圓～　假日前22680日圓～
＊時間＊
IN15時、OUT11時

cocomiru散步

長湯溫泉
なが　ゆ　おん　せん

~在悠閒的溫泉鄉讓身心煥然一新~

曾經繁榮一時的溫泉療養地。
能體驗碳酸泉在美容和健康上的功效。

●從別府過來的交通方式

🚃 **電車**：別府站搭JR日豐本
線特急8分，大分站下
車。於站前轉乘竹田市連絡巴
士往長湯車庫方向，到長湯約
需1小時50分

🚗 **開車**：JR別府站行經國道
10、210、442號，車程47km

📞 **洽詢**：☎0974-63-0585（竹田
市觀光旅遊協會，日文）

長湯溫泉就在這裡！

長湯溫泉

▶由建築師藤森
照信所設計的藝
術建築物相當吸
睛

◀由於源泉只有
32度，所以泡泡
附著力極佳

らむねおんせんかん
♨ 汽水溫泉館

日本屈指的泡泡碳酸泉

擁有日本數一數二高濃度的碳酸泉。
一進入浴池內後全身就會佈滿氣泡，
接著咻地一下就裂開。當血液循環獲
得改善即可消除肌膚的暗沉和浮腫，
美容效果也很值得期待。

☎0974-75-2620 住竹田市直入町長
湯7676-2 ¥500日圓 🕐10～22時 休
第1週三、1月和5月的第2週三 交長湯
巴士站步行10分 P30輛

◀原創商品也很
豐富。手巾1條
300日圓

◀羅勒和牛至的
香味也很棒

ぶ　らんじぇりー　けい　わいず
🏠 ブーランジェリー・
ケイ・ワイズ

出自女麵包師傅之手的正統麵包

由曾經在福岡歷練手藝的師傅每天手作
的麵包，隨時都備有約30種口味。最
受歡迎的番茄奶油乳酪230日圓，完全
不添加一滴水只以番茄汁製成。

☎0974-75-2511 住竹田市直入町長湯
溫泉ガニ湯屋台村 🕐8～15時 休週三、
第1、3週二（逢假日則照常營業，有不定
休）交長湯巴士站步行5分 P10輛

往湯布院

直入觀光協會
觀光服務處

長湯バイパス

長湯

溫泉市場

御前湯

大丸旅館

螃蟹湯

往久住

芹川

N
100m

往縣道412號

▶於芹川所打造的開
放式露天浴池「螃蟹
湯」，可免費入浴

さぼう　かわばたや
☕ 茶房 川端家

在河岸邊的露台享受悠然時光

位於芹川沿岸的喫茶館，由老字號旅
宿・大丸旅館所經營。招牌名物的溫
泉粥是以溫泉水炊煮，也是旅館早餐
中受到大家喜
愛的一品。

☎0974-75-2272
住竹田市直入町
長湯7493-2 🕐8
時～16時30分LO
休不定休 交長湯
巴士站步行3分
P請利用大丸旅
館停車場

◀溫泉粥600日圓，點餐後
才會開始炊煮（需預約）

若要過夜的話

びーびーしーながゆ
ちょうきたいざいしせつと
はやしのなかのちいさなとしょかん
📖 B・B・C長湯
長期居住的設施與
樹林中的小圖書館

佇立於櫟木林間、適合長期住宿的
小旅館，備有小廚房和網路、可免
費使用大丸旅館的溫泉，汽水溫泉
館的話只需100日圓即可利用。

☎0974-75-2841 住竹田市直入町長
湯7788-2 ¥1晚附早餐平日、假日前
日4536日圓～ 🕐IN14時、OUT10時
交長湯巴士站步行7分 P10輛

充滿歐風時尚的氛圍，還附可眺望林間
的露台

在綠意盎然的黑川、小國鄉
體驗悠閒的泡湯巡禮

穿著木屐喀啦喀啦地四處泡湯的黑川溫泉，
杖立溫泉的蒸箱湯和想要藏私的小國鄉別館露天…
眾多富有吸引力溫泉匯集的黑川、小國鄉區域裡，
找到一家自己喜歡的溫泉放鬆休憩就是王道。

樹木枝葉扶疏的黑川溫泉街，換上浴衣來趟愜意漫步吧

盡情玩樂的
黑川·小國鄉2天1夜行程

先在憧憬的黑川溫泉留宿一晚，隔天再遊逛小國鄉的超值行程。第1天於黑川體驗浴衣漫步，第2天可在小國鄉享受飽覽自然景致的兜風趣。

第1天　● 大分自動車道 湯布院IC　START
　　　　　車程45km

　　　　　黑川溫泉

11:30　🏠 風之舍 …P87
　　　　　步行15分

12:00　🍴 黑川莊「ラウンジ山ぼうし」…P90
　　　　　步行8分

13:00　🛍 ふくろく …P92
　　　　　步行4分

14:00　☕ つけものやかふぇ 平野屋 …P91
　　　　　步行10分

15:00　♨ 旅館 奥の湯…P95
　　　　　步行10分

16:00　♨ 和風旅館 美里 …P89
　　　　　步行5分

17:00　♨ いこい旅館 …P88

第2天
10:00　♨ 旅館 奥の湯 …P95
　　　　　車程2.3km

10:15　♨ 旅館 山河 …P89
　　　　　車程6km

　　　　　小國鄉

11:30　☕ cafe 森の時間 …P96
　　　　　車程1.5km

13:00　☕ Tea room 茶のこ …P97
　　　　　車程8km

14:30　📷 鍋ヶ滝 …P96
　　　　　車程12km

　　　　　杖立溫泉

15:30　♨ 純和風旅館 泉屋 …P97
　　　　　車27km

　　　　　● 大分自動車道 日田IC　GOAL

魅力無窮的溫泉齊聚

黑川、小國鄉
くろかわ・おぐにごう

熊本首屈一指的溫泉鄉，除了名聲享譽全國的品牌溫泉地——黑川外，還有許多充滿特色的溫泉地散佈其間。風和日麗的景色也被稱為「日本的原風景」，相當吸引人。還有機會能感受九州冬天罕見的雪景露天泡湯之樂。

以美人湯著稱的黑川溫泉當地旅宿的原創商品

黑川·小國鄉就在這裡！

84

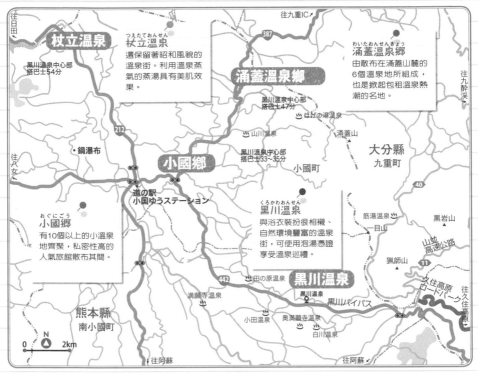

往日田

杜立温泉

黑川温泉中心部
搭巴士54分

つえたておんせん
杜立温泉
還保留著昭和風貌的
温泉街。利用温泉蒸
氣的蒸湯具有美肌效
果。

往九重IC

387

わいたおんせんきょう
涌蓋温泉鄉
由散布在涌蓋山麓的
6個温泉地所組成，
也是掀起包租温泉熱
潮的名地。

往九酔溪

涌蓋温泉鄉

212

黑川温泉中心部
搭巴士47分

はげの湯温泉

山川温泉

涌蓋山

小國鄉

• 鍋瀑布

往八女

道の駅
小国ゆうステーション

黑川温泉中心部
搭巴士33～35分

小國町

大分縣
九重町

40

おぐにごう
小國鄉
有10個以上的小溫泉
地齊聚，私密性高的
人氣旅館散布其間。

くろかわおんせん
黑川温泉
與浴衣裝扮很相襯、
自然環境豐富的温泉
街，可使用泡湯憑證
享受温泉巡禮。

筋湯温泉

一目山

黑岩山

山並
高速公路

猟師山

11

久住高原
ロードパーク

往久
住高原

熊本縣
南小國町

442

田の原温泉

黑川温泉

黑川温泉

黑川バイパス

満願寺温泉

小田温泉

奥満願寺温泉

白川温泉

0 N 2km

往阿蘇

往阿蘇

みちのえき
おぐにゆうすてーしょん

旅行的據點
在這裡！

道の駅
小国ゆうステーション

整面採用反射玻璃的建築物很引人
注目，不僅是象徵地標也是以小國
為起點的巴士起迄站。內部使用大
量的小國杉營造出溫暖的空間氛
圍。2樓是可索取當地觀光資訊的服
務中心，1樓售有麵包、甜點等當地
人氣店的商品和特產品。

☎0967-46-4111 **住**小国町宮原
1754-17 **⊕**8時30分～18時(12月中
旬～1月底～17時30分) **休**無休 **交**ゆ
うステーション巴士站步行即到 **P**41輛
MAP P122A3

◀建築物外有5家
餐飲店

おぐに
ぐる～っとばす

駛遍大街小巷
方便的交通工具！

小国郷ぐる～っとバス

周遊小國町和南小國町的循環巴
士，會行經黑川溫泉和小田、滿
願寺等小國温泉鄉的温泉地。搭
乘1次150～1000日圓。

☎0967-46-3121 (產交巴士小國
營業所)

▲ゆうステーション
到黑川温泉搭乘右線
29分，左線36分

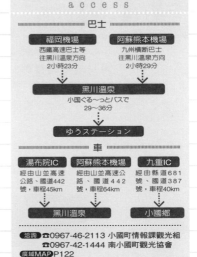

access

巴士

福岡機場	阿蘇熊本機場
西鐵高速巴士等 往黑川温泉方向 2小時23分	九州橫斷巴士 往黑川温泉方向 2小時29分

↓

黑川温泉
小国ぐる～っとバスで
29～36分

↓

ゆうステーション

車

湯布院IC	阿蘇熊本機場	九重IC
經由山並高速 公路、國道442 號，車程45km	經由山並高速公 路、國道442 號，車程64km	經由縣道681 號、國道387 號，車程40km

↓ | ↓

黑川温泉	小國鄉

洽詢☎0967-46-2113 小國町情報課觀光組
☎0967-42-1444 南小國町觀光協會
廣域MAP P122

首先穿上浴衣隨意閒逛
感受風情萬種的溫泉街

遊逛約需
1小時30分

充滿秘湯氛圍的黑川溫泉，與浴衣和木屐的裝扮極為相襯。
到旅館辦好入住手續後，就立刻換上浴衣到溫泉街逛逛吧。

黑川溫泉巡禮的3大秘訣

1 總之先買泡湯憑證再說

可從24家旅宿中任選3家露天浴池泡湯的溫泉通行證。1張1300日圓，有效期限自購買後的半年內。

◀除了「風之舍」外，旅館內也有販售。照片下方為兒童泡湯憑證700日圓

2 沉浸在豐沛的大自然中

黑川是地處山谷間的幽靜溫泉地。街區中心有田之原川流經，隨處可見讓人心曠神怡的自然美景。

▲有許多綠意環繞、別有韻味的旅館

3 划算的優惠券

可於14間店鋪兌換汽水等商品的「湯る～っとクーポン」，比一般購買價格還便宜20～30%。

▶6張相連的優惠券500日圓，於「風之舍」販售

1悠閒漫步溫泉街只需30分左右，一張地圖在手即可上路 2有些旅館也能享受泡濁湯的樂趣，照片中為黑川荘（☞P94）3有的旅館還會賣溫泉蛋

馬上出發去逛逛吧

起點！

步行即到

❶ 風之舍

黑川巡禮據點的服務中心

除了販售泡湯憑證和湯る〜っとクーポン外，還提供免費的溫泉街地圖等。由於打掃等因素當天無法利用的露天浴池資訊，也能在這裡一一確認。

☎0967-44-0076（黑川溫泉觀光旅館協會）🏠南小國町滿願寺6594-3 ⏰9～18時 休無休 🚌黑川溫泉巴士站步行10分 🅿50輛 MAP P123B3

▶眼前即免費停車場

べっちんざか

❷ べっちん坂

穿越綠色隧道前往街區中心

連結「風之舍」和溫泉街中心「川端通」間的步道。坡度有點陡急，請小心行走。順著步道延伸的階梯而下，就能看到休憩的地方。

◀來往行人不多，一片寂靜，當陽光從枝葉間灑落時感覺相當舒服

步行即到

まるすずばし

❸ 丸鈴橋

可一望最具黑川溫泉特色的風景

架在流經溫泉街的田之原川上的橋。為人氣拍照景點，可一次將充滿風情的旅館、綠意和河流等黑川溫泉三大要素都盡收鏡頭。

▲完全融入溫泉街閒靜氛圍的丸鈴橋

地圖

南城苑の足湯❻ ❶風之舍
いご坂❺
往黑川莊
🈁お宿 のし湯
下川端通
❷べっちん坂
ふもと旅館
地藏堂❹
うふふ
白玉っ子甘味茶屋
❸丸鈴橋
いこい旅館
瀨の本館
夢龍膽
櫻通
黑川橋
往お宿野の花
黑川溫泉
見返り坂
442
往日田・小國

0 100m

步行2分

じぞうどう

❹ 地藏堂

留有傳說的黑川溫泉發源地

供奉曾代替少年被斬首的地藏，據說就是後來湧出溫泉的地點。相傳只要將用畢的泡湯憑證獻納出來，就能夠實現願望。

▲以大銀杏樹為明顯目標，到了秋天染成一片金黃色時也相當漂亮 ◀環繞著佛像的一整排泡湯憑證

終點！

步行2分

おやどのあしゆ

❻ 旅館的足湯

逛溫泉街時最棒的享受

露天浴池人人多、走累了…的時候，就可以利用旅館的免費足湯。南城苑（MAP P123B4）在冬天還會賣關東煮100日圓，夏天則有剉冰100日圓等商品。

▲可坐在地爐旁享受的南城苑足湯

▲連結櫻通和川端通的步道

いござか

❺ いご坂

悠然自在氛圍的溫泉街坂道

坡度平緩的階梯坂道，瀰漫著一股適合著浴衣漫步的溫泉街氣氛。還能瞧見貓咪慵懶打盹兒的模樣，讓人嘴角也不禁上揚起來。坂道沿路還有許多人氣伴手禮店。

步行即到

 可免費利用的足湯，還有いこい旅館（☞P88）、旅館 山河（☞P89）等處。

搖身一變成為素顏美人？！
就用泡湯憑證來趟溫泉巡禮吧

在黑川溫泉可享受每間旅館不同風情和泉質、各式各樣的露天浴池。
以下將從24間旅館中挑選4個最具美肌效果的人氣溫泉做介紹。

いこいりょかん
いこい旅館

宛如黑川美肌湯的代名詞

在黑川溫泉只要說到美肌湯一定榜上有名的人氣溫泉，能在種類豐富的浴池享受這般名湯更是深具魅力。其中最推薦的是女性露天浴池內的立湯，為水深150cm、須手抓著木棍入浴的個性派浴池，能體驗輕飄飄浮在水面的樂趣。

☎0967-44-0552 ⏥南小国町滿願寺6548 ⊗黑川溫泉巴士站步行4分 🅿16輛(15時以後為房客專用) MAP P123B4

＊住宿情報Check＊
極具風情的民藝風格旅館。使用大量自家製蔬菜的料理也備受好評，晚餐的美人鍋為招牌菜。
¥1泊2食17430日圓～
⏰IN15時／OUT10時
🛏16室

美肌Point
據說是黑川唯一含明礬的溫泉。可去除多餘的皮脂，緊緻的效果也很值得期待！

泡湯憑證OK的浴池
露天●女2、混浴2
室內●混浴1

純泡湯DATA
毛巾 210日圓
浴巾 780日圓
肥皂 免費
洗髮精 無
吹風機 免費
附鎖置物櫃 100日圓

▶榮登日本名湯秘湯百選的瀧之湯(混浴)

りょかんわかば
旅館わかば

不需化妝水！在女性客群中享有大人氣

能邊聆聽田之原川涼涼流水聲邊享受名湯的露天浴池，並備有以褐鐵礦打造、能釋放遠紅外線的寢湯。不需住宿也可利用的岩盤浴60分1500日圓（⏰12時～最終受理20時 🈺不定休）也很有人氣。據說泡完溫泉促進血液循環後再做岩盤浴能讓美肌效果更加倍！？

☎0967-44-0500 ⏥南小国町滿願寺6431 ⊗黑川溫泉巴士站步行3分 🅿15輛 MAP P123C4

＊住宿情報Check＊
愛美的女性絕對會喜歡的家庭式旅館。晚餐為懷石料理，獨棟客房則提供地爐料理。
¥1泊2食16200日圓～
⏰IN15時／OUT11時
🛏15室

泡湯憑證OK的浴池
附室內浴池的露天
●女1、男1

純泡湯DATA
毛巾 無
浴巾 無
肥皂 免費
洗髮精 免費
吹風機 免費
附鎖置物櫃 無

▶還備有瀰漫大正浪漫風情的室內浴池「化妝之湯」

能進行溫泉巡禮的時間帶？

利用「泡湯憑證」(☞P86)享受溫泉巡禮。全部旅館統一的入浴時間帶為8時30分～21時。有時會因打掃等時間異動或休館，因此請先到風之舍(☞P87)確認一下吧。

美肌Point

具美白和排毒效果的硫磺泉，汲取自每分鐘擁有約200公升湧出量的源泉。

泡湯憑證OK的浴池

露天●女1、男1

純泡湯 DATA

毛巾 250日圓
浴巾 800日圓～
肥皂 免費
洗髮精 無
吹風機 無
附鎖置物櫃 100日圓

◀雖來自同一處源泉，但男湯和女湯的顏色有時會不一樣

わふうりょかん みさと
和風旅館 美里

會變色的神奇溫泉

由於硫磺泉呈酸性，一般來說湧出的溫泉都是白濁色。但這裡卻是能享受到隨著時間變化慢慢從透明到白色，最後再變成鈷藍色的個性派溫泉。其中的理由目前尚未有定論，總之就是放眼全日本也很彌足珍貴的變色溫泉。

☎0967-44-0331 🏠南小国町満願寺6690 🚌黑川溫泉巴士站步行10分 🅿13輛(房客專用)
MAP P123A3

＊住宿情報Check＊

家庭式旅館，能在寬敞的客房內品嘗以大量當地食材入菜的招牌和風會席。
¥1泊2食14040日圓～
🕐IN15時／OUT10時
🚪12室

美肌Point

硫磺泉也可作為飲泉，據說可解便秘。露天浴池設有飲泉區，不妨來個體內環保。

泡湯憑證OK的浴池

露天●女1、混浴1
室內●女1、男1

純泡湯 DATA

毛巾 150日圓
浴巾 無
肥皂 免費
洗髮精 免費
吹風機 免費
附鎖置物櫃 免費

◀緊鄰涼涼流水的女性露天浴池「四季之湯」

りょかん さんが
旅館 山河

擁有對皮膚有益的2處源泉

排毒效果值得期待的硫磺泉（室內浴池）和保濕效果卓越的鹽化物泉（露天浴池）。兼具愛美女性絕對曾喜歡的2種源泉，即使在黑川也屬罕見。據說室內、露天浴池依序入浴肌膚即能細緻滑嫩，建議2種溫泉都別錯過。

☎0967-44-0906 🏠南小国町満願寺6961-1 🚌黑川溫泉巴士站車程5分 🅿25輛
MAP P123A1

＊住宿情報Check＊

佇立於離市中心稍遠的靜謐森林中，有7間能24小時享受名泉的附浴池客房。
¥1泊2食16350日圓～
🕐IN15時／OUT10時
🚪16室

📖 | 泡湯憑證的溫泉巡禮，是為了享受溫泉的樂趣而推出的活動。也有些露天浴池並無洗澡區，也沒有提供洗髮精等備品及淋浴設施。

散步途中的美食時光
限定午餐及暖入心坎的點心

在人氣旅館的交誼廳或姊妹店享用供不應求的美味午餐。
不妨也將泡湯後想品嘗的甜點，一起排入溫泉街巡禮的行程中。

阿蘇赤牛的好滋味讓人驚艷

3色熊本在地咖哩

1日10份限定
時節蔬菜咖哩
840日圓
由旅館主廚親自
耗時3天燉煮熬製
成的絕品咖哩。

獨家堅持
Point

▲選用以肉質鮮甜聞名的赤牛的肋眼部位

獨家堅持
Point

▲馬肉咖哩是採用低熱量、低脂肪的肋條部位

1日10份限定
おぐにまるごと
3種咖哩
1290日圓
也可加點小國黑
豬里脊肉排（小
350日圓～）。

くろかわそう「らうんじ やまぼうし」
黑川莊「ラウンジ 山ぼうし」

湧出神秘綠色溫泉的黑川莊（☞
P94）內的交誼廳，除了住宿客外
也對外開放。唯一的餐點即超人氣
的蔬菜咖哩，只以晚餐所使用的高
級銘柄牛—阿蘇赤牛和洋蔥烹調出
的濃醇風味。店家特調的香料更是
飄香四溢。

☎0967-44-0211 住南小國町滿願寺
6755-1 ⏰8～17時 休無休（夏季、冬季
會有不定休）交黑川溫泉巴士站步行12
分 P30輛 MAP P123B1

◀可一望綠意
盎然的中庭，
夜晚則搖身一
變成為正統酒
吧

わろくや
わろく屋

除了能品嘗以25種食材耗時3天熬
煮而成的招牌馬肉咖哩外，還有使
用香草雞做成的白咖哩、熊本頂級
豬肉的黑咖哩等3種口味。於2014
年全國食用肉大賽雞肉部門優勝的
「肥後のうまか赤鶏」炸雞塊2個
300日圓也很推薦。

☎0967-44-0283 住南小國町滿願寺
6600-1 ⏰10～17時LO 休週四及不定
休 交黑川溫泉巴士站步行5分 P可利用
公共停車場 MAP P123B4

◀堅持使用在
地食材手工製
作，在當地也
極具人氣的咖
啡廳

在わろく屋發現！
阿蘇小國娟珊
自家製優格

使用熊本縣最自傲的銘柄牛鮮乳「阿蘇小國娟珊鮮乳」的自家製優格290日圓。能吃得到牛奶原本的美味，濃醇卻又帶著清爽的甘甜。另有冰沙390日圓。

添加鹽麴的酥脆泡芙外皮

也推薦這個

鹽麴泡芙
210日圓

鮮奶油內餡飽滿、重量感十足，為餘韻爽口的低糖好滋味。

▲使用阿蘇產大豆的黃豆粉餅乾1袋540日圓，加了胚芽糙米讓香味更芳醇

ぱてぃすりーろく
パティスリー麓

店內羅列的甜點都是選用當地食材製成。其中最受歡迎的是加入鹽麴烘焙、香氣四溢的泡芙，以小國娟珊鮮乳和當地雞蛋調製的奶油內餡會點餐後才擠入泡芙內，因此外皮口感酥脆。若到溫泉街散步的話一定要來嚐嚐。

☎0967-48-8101 住南小国町満願寺6610 ⏰9～18時 休週二（逢假日則翌日）交黑川溫泉巴士站步行7分 P可利用公共停車場 MAP P123A4

◀地處溫泉街的中心位置。可坐在吧檯內用

風味濃郁但口感清爽！

也推薦這個

義式冰淇淋
1球300日圓、
2球450日圓

用米做成的義式冰淇淋吃起來有彈牙口感，夏天還會推出雪酪

▲溫和甜味的紅豆湯650日圓，可搭配附設醃漬物店的淺漬小菜一起享用

つけものやかふぇひらのや
つけものやかふぇ平野屋

常備有12種冰淇淋的醃漬物兼咖啡廳。原料則奢侈地選用據說在日本牛奶界只有不到10%產量的小國產娟珊鮮乳，因其珍貴的價值與高營養而有黃金鮮乳之稱。入口香濃，餘韻卻很清爽。

☎0967-44-0214 住南小国町満願寺6592-2 ⏰10～17時 休週二（逢假日則照常營業）交黑川溫泉巴士站步行12分 P30輛 MAP P123B3

◀充滿自然氣息的店內，也可外帶

口感Q彈的白玉湯圓甜點

也推薦這個

白玉っ子
聖代
918日圓

甜度減低。白玉湯圓為現點現煮，因此口感鬆軟。

▲湯上がり白玉918日圓，可從黃豆粉、小倉紅豆等6種甜味配料中任選2糰

しらたまっこかんみぢゃや
白玉っ子甘味茶屋

能享用100%日本國產糯米製成的白玉湯圓和風聖代。白玉っ子聖代中有店家招牌的白玉湯圓、黑糖、寒天和脆片等，冰淇淋下方滿滿的自家製冰鎮紅豆湯也是亮點之一。北海道大納言紅豆的口感既鬆軟又綿密。

☎0967-48-8228 住南小国町満願寺6600-2 ⏰9時30分～17時40分LO 休不定休 交黑川溫泉巴士站步行5分 P可利用公共停車場 MAP P123B4

◀面田之原川的甘味處，聖代等甜品皆可外帶

擄獲少女心
收到絕對開心的女生伴手禮

不僅外表可愛，連素材也很講究的黑川伴手禮。
下列將介紹從旅館的特製溫泉保養品到手工雜貨的嚴選伴手禮。

能讓肌膚回復
潤澤的天然洗顏料

持久的滋潤效果
擦上馬油變身成
水潤唇美人

抱起來觸感
軟綿綿！很適合當成
新生兒的賀禮

美肌米糠袋、豆乳袋
1袋各500日圓 ❶

放入熱水中輕輕搓揉，再用浸濕的袋子溫柔按摩。可讓肌膚飽水潤澤。

馬油護唇膏
1個540日圓 ❷

擁有超強滲透力和絕佳保濕效果的馬油護唇膏。延展性佳，清爽不沾黏。

有機毛巾的熊寶寶
1個4104日圓 ❸

以柔軟毛巾質地做成的熊寶寶。眼睛和鼻子都是手工縫製，因此每一隻的表情都不同。

使用大量自家源泉
湧出的美人湯

可隨心使用的
超方便捲筒型

全部都是有機材質
輕飄飄的溫柔觸感

黑川美人 化妝水
200㎖ 1950日圓 ❶

90%以上的自家源泉加上4種植物萃取物的全身用化妝水。也有30㎖ 650日圓的容量。

吸油面紙
1個220日圓 ❷

能依喜好裁切長度的吸油面紙。全長5m，若裁成8cm約為60次的份量。

有機毛巾質地的圍巾
1條1944日圓 ❸

使用未經染色的有機棉，並採用綿紗織觸感讓更加柔軟！

---

❶ いこい旅館
いこいりょかん

米糠袋、化妝水等溫泉保養品以及便箋等，いこい旅館（☞P88）推出的原創商品約有20種。懷舊的女子插圖商標很吸睛，旅館的商店就買得到。

☎0967-44-0552 住南小国町満願寺6548 營賣店8～21時左右 休不定休 交黑川溫泉巴士站步行4分 P16台桶（15時以後為房客專用） MAP P123B4

❷ 旅館わかば
りょかんわかば

泡湯後肌膚以水潤著稱的美人湯旅館わかば（☞P88）所販售的原創商品，因價格實惠而深受好評。非住宿客也能在商店購買，不妨過去看看吧。

☎0967-44-0500 住南小国町満願寺6431 營賣店8～21時左右 休無休 交黑川溫泉巴士站步行3分 P15桶 MAP P123C4

❸ ふくろく
ふくろく

不僅能買來當伴手禮，也可在溫泉巡禮中使用的毛巾、手巾等商品應有盡有。馬油乳霜756日圓是使用當地素材製成的獨家商品。有機毛巾和圍巾也很受好評。

☎0967-44-0296 住南小国町満願寺6610 營9～18時 休不定休 交黑川溫泉巴士站步行7分 P可利用共同停車場 MAP P123A3

若要找小國當地的
美味伴手禮
就來這兒

「つけものやのおつけもの」內匯集了以小國高冷蔬菜製成的各種醃漬物。人氣的淺漬380日圓～，吃起來如同沙拉般地爽口。也有山藥和小番茄等另類的醃漬食材。
☎0967-44-0214 MAP P123B3

連葡萄酒迷
也公認的好味道

風野葡萄酒
360㎖ 各834日圓 ④

使用大量熊本縣產的葡萄、口感細緻滑順的黑川特製葡萄酒，也有720㎖裝1414日圓。

包裝、懸掛、裝飾…
都能使用的完美尺寸

手捺染小風呂敷
1條650日圓 ⑤

名為一三巾，尺寸為50×50cm。無論是用來包便當或蓋在腿上保暖，各種用途皆能使用。

利用小國當地的自然
素材做成的精美裝飾

軟木板
1個800日圓～ ⑥

利用當地採集的果實和小樹枝等點綴裝飾。附圖釘，尺寸也有多樣選擇。

以黑川湧泉釀造的
人氣地方啤酒

湯上美人
3瓶（1箱）1833日圓 ④

在地現釀、添加酵母的特製啤酒，有愛爾淡啤酒、深色拉格啤酒、皮爾森啤酒等3種，各為330㎖。

超過100種以上的
豐富款式

手巾
1條890日圓～ ⑤

吸水性絕佳的手巾最適合當作溫泉地的伴手禮。除了原創花色外，還有基本款的點點花紋等。

使用方式，隨心所欲！
雞蛋大小的
森林妖精

もりぞう
1個1300日圓～ ⑥

店家的招牌吉祥物，動作和表情也各有不同。張著大嘴巴的是用來當燭台。

④ ごとうさけてん 後藤酒店

位於いご坂入口、創業80餘年的老鋪酒店。除了黑川溫泉限定的地方啤酒和特製葡萄酒外，還有以南小國素材製成的地方燒酎和地方酒。點心和雜貨類的伴手禮也很豐富。
☎0967-44-0027 値南小國町滿願寺6991-1 ⏰8時40分～22時 休不定休 交黑川溫泉巴士站步行7分 P可利用共同停車場 MAP P123B3

⑤ まるしょう まるしょう

位於溫泉街中心的伴手禮店。從雜貨、點心到民藝品應有盡有，還有許多女生喜愛的可愛伴手禮。當地吉祥物「酷MA萌」的商品也很齊全。
☎0967-44-0683 値南小國町滿願寺6604 ⏰9～18時 休週三 交黑川溫泉巴士站步行7分 P可利用共同停車場 MAP P123A4

⑥ ざっか らいふ 雜貨 来風

販售Made in黑川的自然風雜貨商店。老闆將周邊山林採集而來的果實、小樹枝以及田裡栽種的花草加工，創作成花圈和壁飾等商品。店內羅列著利用大自然材料所打造出的各種可愛商品。
☎0967-44-0309 値南小國町滿願寺6713 ⏰8時30分～18時 休不定休 交黑川溫泉巴士站步行10分 MAP P123A3

 「雜貨 来風」有能現場報名的輕鬆體驗活動。利用自然素材裝飾木夾子的過程約需10分鐘，3個450日圓。

體驗無限加乘的魅力
在饒富個性的旅館盡享精緻服務

在自然豐沛的環境中，飽享溫泉、美食和無限加乘的魅力。
若到黑川溫泉，不妨來體驗看看這般奢侈的住宿。

無限加乘的魅力在這裡
有土牆附地爐的和室4棟，以及位於專用交誼廳1樓的洋室1間。

1 獨棟1泊2食27150日圓～ 2 獨棟客房的晚餐其中一例，主餐是阿蘇赤牛的炭火烤肉 3 獨棟客房的露天浴池，隨時都能享受神秘溫泉的奢侈環境

くろかわそう
黑川莊

在日本也屬罕見的神秘濁湯

旅館的泉質雖屬黑川常見的碳酸氫鹽泉，但顏色卻是別地方沒有的乳白綠色。如此神秘氛圍的溫泉共計有男女6個浴場。若想好好享受的話，可以選擇附室內和露天浴池的獨棟客房。堅持使用在地食材的料理也受到好評，其中的天草大王土雞鍋是讓許多饕客再次登門的逸品。獨棟客房則提供特別準備的地爐料理。

☎0967-44-0211 🏠南小国町満願寺6755-1
🚌黑川溫泉巴士站步行12分 🅿30輛 🏠26室
（主屋21、獨棟5）
●1990年11月創業 MAP P123B1
●有室內 有露天 有包租浴池（獨棟專用）●泉質：碳酸氫鹽泉 ●可純泡湯

CHECK
＊1泊2食費用＊
平日17430日圓～
假日前19590日圓～
＊時間＊
IN15時、OUT11時

無限加乘的魅力在這裡
14間客房竟有13座浴池！其中8座是包租浴池，隨時都能使用。

1 深度遞增、最深處有1.5m的包租浴池 2 以老闆娘精挑細選的食材所打造的晚餐一例 3 泡湯憑證也能使用的女性露天うえん湯，四周竹林環繞

ふもとりょかん
ふもと旅館

以黑川獨一無二的浴池數著稱的旅館

幾乎地處溫泉街的中心位置，對於利用泡湯憑證進行溫泉巡禮的人來說非常方便。旅館最引以自豪的是擁有種類豐富的浴池，有13座浴池可讓旅客盡情享受溫泉巡禮，還有最貼心的是其中8座包租浴池不需追加費用即可使用。由老板娘親自設計菜單，以阿蘇食材為中心的和洋融合創作料理也有口皆碑。

☎0967-44-0918 🏠南小国町満願寺6697 🚌黑川溫泉巴士站步行10分 🅿15輛 🏠14室（本館11、別館3）●
2002年7月改裝，別館2013年9月改裝 MAP P123A4
●有室內 有露天 有包租浴池 ●泉質：弱鹼性單純泉
●可純泡湯

CHECK
＊1泊2食費用＊
平日、假日前日
16350日圓～
＊時間＊
IN15時、OUT10時

🔲引自源泉 🏠房間用餐 💆有美容療程 🚭有禁菸房 ♨有大眾池 🧍單人入住OK 💻可上網

いやしのさと きやしき (限本館) ゆ
いやしの里 樹やしき

接近天空的高台旅館

位於稍微遠離中心部的奧黑川地區，以地處兩條溪流環抱的高台並坐擁讓人心曠神怡的景致而自豪。可在夜晚搖身一變成酒吧的交誼廳、露天浴池或獨棟客房享受眺望美景。其中又以「山法師」和「花筏」的絕景房最受歡迎。

☎0967-44-0326 住南小國町滿願寺6403-1 交黑川溫泉巴士站車程5分 P30輛 室20室(本館10、獨棟10) ●1989年9月改裝 MAPP123B1 ●有室內 有露天 有包租浴池 ●泉質：單純硫磺泉 ●可純泡湯

> **無限加乘的魅力在這裡**
> 能欣賞溪谷點燈裝飾景致的酒吧，除了雞尾酒外還有100多款燒酎。

1 從9公尺長的玻璃窗即可眺望絕景的酒吧 **2** 獨棟客房的晚餐為地爐料理，能享用大量自家栽種的蔬菜 **3** 獨棟客房「山法師」的露天浴池

CHECK
＊1泊2食費用＊
平日14190日圓～
假日前日16350日圓～
＊時間＊
IN15時、OUT10時
（獨棟10時30分）

りょかんおくのゆ ゆ
旅館 奧の湯

設施完善樂趣無窮

佔地約2000坪，四周樹林蔥鬱的療癒空間。9座浴池彷彿環繞本館、新館和獨棟客房般地散布其間。另外還備有岩盤浴、游泳池、可聽音樂和閱讀的休閒室等。就在這舒適的空間內徹底放鬆吧。

☎0967-44-0021 住南小國町滿願寺6567 交黑川溫泉巴士站步行10分(有接送至巴士站) P25輛 室26室(本館14、新館5、獨棟7) ●2012年6月一部改裝 MAPP123B1 ●有室內 有露天 有包租浴池 ●泉質：氯化鈉、硫酸鹽泉 ●可純泡湯

> **無限加乘的魅力在這裡**
> 不需額外付費就能享受的3座包租露天浴池，以及全年皆可使用的溫水泳池。

1 包租露天浴池「楓葉之湯」的私密性很高 **2** 能眺望竹林的獨棟客房有7間，其中有3間附露天浴池 **3** 能近距離欣賞田之原川的川湯(混浴)

CHECK
＊1泊2食費用＊
平日16350日圓～
假日前日19455日圓～
＊時間＊
IN15時、OUT10時

さとのゆ わらく ゆ
里の湯 和らく

大人專屬的懷舊氛圍小天地

佇立於寂靜的奧黑川地區。迎接旅客的是全室皆附引自源泉的溫泉，寬敞的客房內配置著席夢思床和沙發等，提供專屬成熟大人的高品質空間。餐廳則是在180年古民家移建的主屋內享用（一部分，房內用餐）。

☎0967-44-0690 住南小國町滿願寺6351-1 交黑川溫泉巴士站車程6分 P11輛 室11室(獨棟11) ●2009年7月改裝 MAPP123C1 ●有室內 有露天 ●泉質：含硫磺氯化鈉、硫酸鹽泉 ●可純泡湯

> **無限加乘的魅力在這裡**
> 不接待12歲以下的旅客，並限定1室2名大人。從獨棟式客房能一望森林及田園風光。

1 60～90㎡的寬敞客室備有3種房型 **2** 晚餐是使用當令食材的日式懷石料理 **3** 客房的浴池旁邊附開放感十足的木造露台

CHECK
＊1泊2食費用＊
平日、假日前日
33480日圓～
＊時間＊
IN15時、OUT11時

黑川溫泉 ● 在饒富個性的旅館盡享精緻服務

 離中心部車程約8分的平野台高原展望所（MAPP123C1）是黑川第一的觀景勝地，能遠眺大草原盡頭的九重連山。

在時間緩緩流動的鄉間田野
享受小國鄉的兜風之旅

所需時間
6小時

瀑布、溪流、溫泉散落其間的負離子寶庫——小國鄉。
於鄉間馳騁兜風邊倘佯在豐富的大自然中，將所有的疲憊一掃而空。

\ 起點！/

大分自動車道
九重IC

28km

なべがたき
❶ 鍋瀑布

蔥鬱樹林以及面紗瀑布

沿著步道而下，即可看到寬約20m、高約10m如
水幕般的瀑布。也是全國少見可以從內側往外觀
賞瀑布的景點，瀑布的周圍枝葉濃密茂盛。隔著
水幕面紗望出去，耀眼的綠意美不勝收。

☎0967-46-2113(小國町役場情報課)
🏠小国町黒渕 🚌ゆうステーション巴士站
車程15分 🅿48輛 (MAP)P122A2、3

❶瀑布內側的空氣較冷，就像
是天然冷氣般 ❷當樹縫間飄落
的陽光灑在瀑布上時有種神秘
的氛圍

3.5km

迷失在杖立溫泉的
懷舊風情
巷弄間？！

歷史悠久的杖立溫泉還殘留一條名
為「背戶屋」的小巷。階梯和建物
層層相連，瀰漫著一股昭和初期的
氛圍，悠閒漫步其間約需30分鐘。
MAP P122A2

❷ あっぷるみんとハーブ農園

あっぷるみんとはーぶのうえん

將果醬和醬料買回家

以蔬菜、香草等自然栽種的作物為中心，
販售使用自家農園食材製作的加工品。無
農藥栽培的きよら米1kg750日圓、藍莓熬
煮製成的果醬810日圓和添加香草的醬料
810日圓都很有人氣。還附設自然食餐
廳。
☎0967-42-1249 住南小国町満願寺312 ⏰10～
17時 休週二 交ゆうステーション巴士站車程13分
P10輛 **MAP** P122A3

❶可用於義大利麵或披薩的羅勒醬824日圓
❷陳列著簡單包裝商品的店內

2km

❸ Tea room 茶のこ

てぃーるーむちゃのこ

以岩石間湧水製作的茶和甜點

除了九州產日本茶和北歐紅茶外，手作甜
點也很多樣。Milk Road是推薦首選，能品
嘗到福岡縣八女星野產的最高級抹茶以及
使用小國娟姍鮮乳為原料的自家製香草冰
淇淋。還買得到茶器和自然風雜貨。
☎0967-42-1512 住南小国町赤馬場138
⏰11～18時 休週四 交ゆうステーション巴士站車
程8分 P8輛 **MAP** P122A3

❶Milk Road 756日圓
❷有陽光灑落的舒適店內

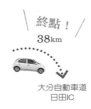

終點！
38km

大分自動車道
日田IC

往日田

往九重IC

涌蓋溫泉鄉

わいた溫泉鄉

212

387

鈴ケ岳

下城の大イチョウ

北里柴三郎記念館

山川溫泉

鍋瀑布 ❶

阿弥陀杉

小国町

小国郷物産館ぴらみっと

大塚山

坂本善三
美術館

387

道の駅 小国ゆう
ステーション

小国町役場

往八女IC

212

城尾岳

南小国町役場

Tea room 茶のこ ❸

❷あっぷるみんと
ハーブ農園

442

夫婦滝

往黑川溫泉

南小国町

往阿蘇站

往山並高速公路

在附露天浴池的獨棟旅宿悠閒STAY
到小國鄉的旅館體驗慢活的樂趣吧

獨棟客房和包租浴池完備，擁有秘境般氛圍的小國鄉溫泉旅宿。
是想要享受奢華時光時最適合的極致空間。

以露天自豪的獨棟在這裡
〔蓮華莊〕
由10帖+4.5帖的2間房組成，可怡然自得地坐在緣廊欣賞細心修整的庭園

1在客房內寬敞的石造露天浴池悠閒泡湯 2附緣廊的獨棟客房，可感受季節的微風輕拂

小田溫泉

せいじゃくなもりのやど やましのぶ

静寂な森の宿 山しのぶ

邊聆聽潺潺流水聲邊享受泡湯樂趣

客房有本館6間、新館獨棟及寬敞獨棟3種房型。浴池包含3座家庭池在內共有7個泡湯處、19個浴槽，對應只接待12組客人來說是相當奢侈的享受。在圖書室、天文館和供應特產酒的地爐間等，都能度過片刻的悠閒時光。

☎0967-44-0188 住南小国町満願寺5960 交ゆうステーション巴士站搭小國鄉循環巴士20分，小田溫泉下車步行5分 P12輛 客12室●1994年7月創業 MAP P123A2 ●有室內 有露天 有包租浴池 ●泉質：氯化鈉、硫酸鹽、碳酸氫鹽鹽泉 ●可純泡湯

▲雜木林環繞的石坂路入口

源泉放流 房內用餐 有美容設施 有禁煙房 有大浴場 單人住宿OK 有網路

涌蓋溫泉鄉的名物——包租浴池

離小國中心部車程約15分的地方，聚集了多家24時營業、投幣式等類型豐富的包租溫泉。

☎0967-48-5277（涌蓋溫泉協會事務局） MAP P122B2

以露天自豪的獨棟在這裡
〔附茶室的特別棟 なでしこ〕
以質樸、靜寂為設計主題的特別棟，由10帖的和室、7帖的寢室及專用露天浴池組成。

小田溫泉

はなれやど やまさき

離れ宿 山咲

茶室建築的獨棟×美肌湯露天

仿彿融入鄉村景色般的建築外觀，客房皆為茶室建築樣式的獨棟。連最小的房型都備有8張榻榻米大的和室與小客廳，並附沿著庭院而建的露臺以及美肌效果受到高度評價的露天浴池。晚上不妨到主屋的交誼廳來杯雞尾酒或地方酒，享受一下微醺的樂趣。

☎0967-44-0945 住南小国町満願寺5965 交小田溫泉巴士站步行5分 P10輛 室8室 ●2001年11月創業 MAP P123A2 ●有室內　有露天　無包租浴池 ●泉質：氯化鈉、硫酸鹽、碳酸氫鹽泉 ●無純泡湯

▲穿過森林小徑前往玄關

1 有釜浴池、石砌浴池等每間客房的浴槽都不同 2 以大量小國杉營造出的溫馨空間

瀬之本高原

せ　もと　こう　げん

～享受高檔服務的高原療癒空間～

位於山並高速公路沿線的度假區。
以能一望阿蘇五岳的絶景為自豪特色。

● 從黑川過來的交通方式

巴士：黑川溫泉巴士站搭乘九州橫斷巴士到筋湯溫泉入口，約需25分

開車：從黑川溫泉經由國道442號、縣道40號，車程15km。

☎ 0973-76-3866（九重町觀光協會）

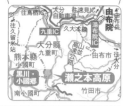

▲「藍」的客房為24張榻榻米大的和洋室，備有微波爐和DVD音響等

◀ 從「藍」的室內浴池可一望森林景色，露台的後方還有露天浴池

シェ・タニ 瀬の本高原店

しぇ・たにせのもとこうげんてん

在絶景中享受甜蜜好滋味

供應每天早上由甜點傳製作約20款蛋糕的吃到飽方案，相當受到歡迎。最有人氣的口味是地瓜和黑糖的年輪蛋糕720日圓～，可當伴手禮送人。

☎ 0967-48-8077 🏠 九重町湯坪瀬の本628-8 ¥ 蛋糕吃到飽1小時30分1800日圓 🕘 9～18時（蛋糕吃到飽11時～最後受理14時30分）休 不定休 🚃 筋湯溫泉入口巴士站步行即到 P 30輛

任選2款蛋糕加飲料的套餐1000日圓

高原の隠れ家 スパ・グリネス

こうげんのかくれがすぱ・ぐりねす

被森林環繞的豪華包租浴池

總共有8間獨棟包租浴池。皆備有客房，從注滿擁有美肌效果溫泉水的浴室也能眺望森林和阿蘇五岳，為極具舒壓療癒的空間。

☎ 0967-44-0899 🏠 九重町湯坪瀬の本628-2 ¥ 1小時30分1名1890日圓～ 🕘 10時～最後受理19時30分 休 無休 🚃 筋湯溫泉入口巴士站步行1分 P 40輛

往湯布院 →
九州橫斷巴士筋湯溫泉入口
往阿蘇 →
やまなみハイウェイ

往筋湯溫泉

往阿蘇

Yas-ragi SPA sweet

岡本陸郎美術館

50m

オーベルジュ ア・マ・ファソン

おーべるじゅ あ・ま・ふぁそん

輕鬆享用小幡流法國菜的午餐

由曾在料理對決電視節目中獲得優勝的小幡洋二主廚大展手藝的餐廳。主菜和甜點可任選的午餐3240日圓～。

☎ 0967-44-0048 🏠 九重町湯坪瀬の本628-10 🕘 11時30分～14時30分LO、18～20時LO（晚餐至少需於1天前預約）休 週四的午間時段 🚃 筋湯溫泉入口巴士站步行5分 P 20輛

▲ 隔著施設的另一端即涅槃像的阿蘇五岳 ◀ 午間套餐3240日圓（其中一例）

若要過夜的話

星野リゾート 界 阿蘇

ほしのりぞーと かい あそ

26400㎡的佔地內有12間獨棟房。有63㎡的2人房以及附和室的4人房2種房型，均附有森林環繞的天然溫泉露天浴池和室內浴池。

☎ 050-3786-0099（界預約中心）🏠 九重町湯坪瀬の本628-6 ¥ 1泊2食39000日圓～ 🕘 IN15時、OUT12時 🚃 熊本機場接送巴士70分 P 15輛

在森林微風、涼涼流水、鳥兒啼鳴環繞下的奢侈客室露天浴池

一望無際的大草原！
在阿蘇感受心曠神怡、煥然一新

綿延不斷像是天鵝絨般的綠色地毯包覆下，
躺在大草原清澄空氣裡睡個午覺。
享受著看遍雄偉山勢的爽快駕車兜風，
再造訪一下時尚的山里咖啡廳吧。

阿蘇其實指的是東西約18km、南北約25km的廣大區域。安排一整天的充裕時間,來趟飽覽所有絕景名勝的兜風之旅吧。

START

● 九州自動車道熊本IC

車程13km

9:00 🚗 牛奶之路 …P104

車程30km

10:00 🚗 大觀峰 …P104

車程10km

11:00 🍴 ピザハウス ホタルの里 りんりん …P105

車程7km

13:00 🚗 阿蘇全景線

車程13km

14:00 🚗 草千里濱 …P105

車程3.5km

15:00 🚗 中岳火口 …P105

車程20km

16:00 🍴 のほほんcaféボワ ジョリ …P106

車程30km

● 九州自動車道益城熊本機場IC GOAL

▲ 有著貫穿草原無止境的美景道路

◀ 兜風途中還能和牛兒打個照面

約1500萬年前火山噴發所形成的米塚

如天鵝絨般一望無際的大草原

阿蘇
あそ

ピザハウス ホタルの里 りんりん的阿蘇高原番茄披薩

擁有壯闊景致的九州屈指兜風地區,能欣賞到被喻為涅槃像的阿蘇五岳與觸目可及的雄偉自然風光。享受暢快兜風的同時,還能探訪美麗的咖啡廳度過悠閒時光。

草千里レストハウス的濃郁冰淇淋

阿蘇就在這裡!

熊本縣
菊池市
往黑川
阿蘇
阿蘇市
大津町
豐肥本線
南阿蘇村
阿蘇山
阿蘇パノラマライン
菊陽町
南阿蘇鐵道
西原村
熊本機場
(阿蘇熊本機場)
往高千穗

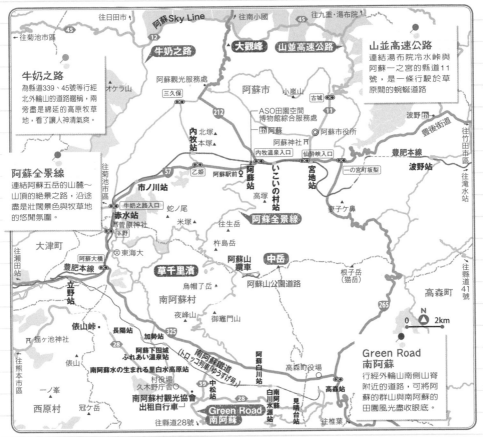

往菊池市區←

阿蘇Sky Line　往南小國　往九重・湯布院

牛奶之路

大觀峰　**山並高速公路**

山並高速公路
連結湯布院冷水峠與阿蘇一之宮的縣道11號，是一條行駛於草原間的蜿蜒道路

阿蘇

牛奶之路
為縣道339、45號等行經北外輪山的道路暱稱，兩旁盡是綿延的高原牧草地，看了讓人神清氣爽。

往田布市

阿蘇觀光服務處

オケラ山

三久保

阿蘇市

小嵐山

古城

ASO田園空間博物館綜合服務處

212

11

波野

豐後街道

往竹田市區→

阿蘇全景線
連結阿蘇五岳的山麓～山頂的絕景之路，沿途盡是壯闊景色與牧草地的悠閒氛圍。

往菊池市區

北塚
本塚

內牧站

阿蘇

阿蘇神社口

內牧溫泉入口

仙酔峡入口

阿蘇市役所

豐肥本線

波野站

57

乙姬

阿蘇駅前

阿蘇站

宮地站

一の宮町坂梨

往滝水站→

市ノ川站

牛奶之路入口

蛇ノ尾

高塚

いこいの村站

阿蘇全景線

大津町

赤水站

菅原神社

下野

米塚

往生路

杵島岳

妻子ケ鼻

大地田町

瀬田站

豐肥本線

阿蘇大橋

東海大

草千里濱

烏帽了丘

阿蘇山纜車

中岳

根子岳
(猫岳)

往縣道41號

高森町

立野站

南阿蘇村

夜峰山

御竈門山

阿蘇山公園道路

265

0　2km

N

往熊本市區

摇ケ池神社

俵山峠

28

長陽站

325

加勢站

阿蘇下田城
ふれあい温泉站

南阿蘇鐵道
(トロッコ列車「ゆうすげ号」)

阿蘇白川站

高森町役場

39

Green Road
南阿蘇

行經外輪山南側山脊附近的道路，可將阿蘇的群山與南阿蘇的田園風光盡收眼底。

俵山

一ノ峯

冠ケ岳

西原村

南阿蘇水の生まれる里白水高原站

**南阿蘇村觀光協會
出租自行車**

村役場
久木野庁舎

中松站

南阿蘇
白川水源站

見晴台站

高森站

往椎葉

往縣道28號

**Green Road
南阿蘇**

空中的散步就在這裡！

阿蘇山纜車

架設在活火山中岳、全長850m的纜車。邊俯瞰阿蘇的大自然景觀，邊享受4分鐘的空中漫步直抵海拔1258m的火山口。

☎0967-34-0411(阿蘇山纜車)■阿蘇市黑川808-5 ¥來回1200日圓 ●9～17時(有季節性變動) 休入山管制時 交JR阿蘇站車程35分 P76輛 MAP P125D3

盡情享受車窗外的風景吧！

小火車「ゆうすげ号」

行駛於南阿蘇鐵道的立野站和高森站之間的觀光列車。能眺望美麗的阿蘇五岳及腳下60m深的溪谷等，變化萬千的車窗景色相當吸引人。

☎0967-62-0058(南阿蘇鐵道高森站) 区立野站～高森站 ¥來回1280日圓※全車指定席(10天～1周前電話預約) ●3月上旬～12月下旬的週六日、假日(春、夏天假期、黃金週期間)1天2班來回 MAP P124C4

騎自行車兜風也很棒！

出租自行車

南阿蘇村觀光協會有提供出租自行車的服務。由於是電動車，因此上坡也很輕鬆。還能免費索取名勝景點地圖。

☎0967-67-2222(南阿蘇村觀光協會)■南阿蘇村久石2807 ¥2小時300日圓 ●9～17時 休無休 交JR熊本站搭豐肥線56分，在立野站轉乘南阿蘇鐵道18分，中松站下車步行25分 P200輛 MAP P124C4

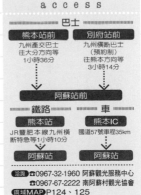

access

巴士

熊本站前	別府站前
九州產交巴士往大分方向等1小時36分	九州橫斷巴士(預約制)往熊本方向等3小時14分

↓　　↓

阿蘇站前

鐵路	車
熊本站	熊本IC
JR豐肥本線九州橫斷特急等1小時10分	國道57號車程35km
↓	↓
阿蘇站	阿蘇站

洽詢 ☎0967-32-1960 阿蘇觀光服務中心
☎0967-67-2222 南阿蘇村觀光協會
廣域MAP P124、125

一路相隨的雄偉景色
周遊北阿蘇的絕景兜風之旅

所需時間
6小時

放眼望去無盡的綠色世界、被大自然環繞的北阿蘇地區。
以肌膚感受大地的氣息，試著將自己融入在這片壯闊的美景中吧！

視線所及盡是翠綠
草原的絕景道路

① 牛奶之路
みるくろーど

絕景景點
從兜岩展望所（**MAP**
124C1）可一望阿蘇外
輪山和阿蘇五岳，眼
底的阿蘇市街景就彷
佛庭園盆景般。

▲享受幾乎沒有交通號誌、
可一路暢行的兜風之旅

30km

② 大觀峰
だいかんぼう

悠然躺臥的阿蘇五岳壯麗
景致美得讓人屏息

\ 起點！ /

九州自動車道 ••
熊本IC

13km

絕景景點
出梅～晚秋的早晚由於
溫差大，清晨會出現雲
海。若運氣好，就能巧
遇這幅動人的景色。

◀阿蘇五岳
與閑靜的田
園風光

28km

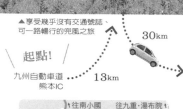

① 牛奶之路
みるくろーど

阿蘇最有人氣的絕景道路，可從
山並高速公路一直通往阿蘇Sky
Line。邊眺望美麗的山巒、邊馳
騁於平緩起伏的青青草原間，讓
人神清氣爽。有時還能見到牛群
吃草的畫面，好一幅悠閒的田園
風光。
☎0967-32-1960（阿蘇觀光服務中心）
🚃JR立野站到牛奶之路入口車程10分
MAPP125D1

② 大觀峰
だいかんぼう

海拔936m，可一望阿蘇自然景致
的絕佳觀景點。離停車場步行10
分位置的展望台能欣賞到360度
環視的全景風光，正面就是被稱
為涅槃像的阿蘇五岳。
☎0967-32-1960（阿蘇觀光服務中心）
🏠阿蘇市山田端辺 🆓自由參觀 🈺無休
🚃JR阿蘇站搭產交巴士往杖立方向35
分，大觀峰入口下車步行30分 🅿200
輛 **MAP**P125D1

（地圖標示）
往南小國　往九重・湯布院
阿蘇觀光服務處
牛奶之路 ①
② 大觀峰
ピザハウス ホタルの里りんりん
ヒバリカフェ
阿蘇市
阿蘇市役所
阿蘇神社⛩
往日田
往矢野站
豐肥本線
高山速並公路
212
57
内牧站
阿蘇市の村站
いこいの村站
宮地站
仙醉峽
米塚
③ 草千里濱
④ 中岳火口
阿蘇くじゅう
国立公園
往國道325號
南阿蘇村
往國道325號
2km
N

阿蘇 ● 周遊雄偉景色的兜風之旅

兜風途中來支濃郁冰淇淋！

「草千里レストハウス」中大受歡迎的阿蘇高原冰淇淋250日圓。以當地新鮮牛奶製成，口感溫和、奶香濃郁。可邊眺望草千里濱的美景邊享用。

☎0967-34-0828 MAP P124C3

◀騎馬體驗於12～2月與天候不佳時暫停

▲綿延著約直徑1km牧草地的草千里濱

漫步草原間或躺下來打個盹兒享受自然之樂

③ 草千里濱 くさせんりがはま

絕景景點

前往草千里濱請走阿蘇全景線。行駛在整片綠色世界大草原間的絕景道路上，暢快。

3.5km

不斷有煙霧噴出的底部即神秘的火口湖

④ 中岳火口 なかだけかこう

絕景景點

5月中～下旬山坡會開滿美麗的深山霧島杜鵑，中岳、草千里周邊就有30萬棵！

ASOSAN ROPE

1能近距離看到火山口的罕見體驗 2連結阿蘇全景線和中岳火口的阿蘇纜車

40km

\終點!/

九州自動車道熊本IC

在這裡用午餐！

以阿蘇湧水製作的招牌披薩

◀阿蘇高原番茄披薩 2100日圓

ぴざはうす ほたるのさと りんりん

ピザハウス ホタルの里 りんりん

披薩以獨家調配的麵粉和阿蘇的湧水製成，口感相當清爽。直徑雖有28cm之大，但每人拿一塊馬上就盤底朝天了。

☎0967-32-3669 住阿蘇市小池337-1 ⏰10時30分～17左右（麵糰用完為止）休週二（有不定休）交JR阿蘇站車程12分 P10輛 MAP P125D1

▼熱狗麵包15種 口味360日圓～

火腿職人的絕品 熱狗麵包

ひばりかふぇ

ヒバリカフェ

採用德國比賽中榮獲金獎的香腸製作。酥脆、多汁的香腸搭配自家製肉醬，真是絕妙好滋味。

☎0967-22-1894 住阿蘇市一の宮町中通640-1 ⏰11～17時 休週二（有不定休）交JR阿蘇站車程13分 P5輛 MAP P125D2

くさせんりがはま

③ 草千里濱

綿延在阿蘇五岳之一的烏帽子岳山麓、直徑1km的牧草地，一望無際的大草原可自由入內。還有馬師牽著騎馬的體驗行程（5分鐘1500日圓～）。

☎0967-32-1960（阿蘇觀光服務中心）
住阿蘇市草千里ヶ浜 自由參觀 交JR阿蘇站搭乘交巴士往阿蘇山西站方向30分，草千里阿蘇火山博物館下車即到 P300輛（付費） MAP P124C3

なかだけかこう

④ 中岳火口

世界有數的活火山─阿蘇。中岳火口如今依然持續在噴煙中，山坡一片光禿。可搭纜車到火口，或經由阿蘇山公園道路（普通車來回600日圓）前往。

☎0967-32-1960（阿蘇觀光服務中心）
住阿蘇市阿蘇山 交JR阿蘇站搭乘交巴士往阿蘇山西站方向35分，再從阿蘇山西站搭纜車4分抵達山頂的火口西站 P76輛 MAP P125D3

📖 行駛牛奶之路～中岳火口時的導航請輸入名稱，若輸入洽詢電話地圖上會出現阿蘇觀光服務中心的定位點。

在可愛的鄉間咖啡廳度過悠悠時光

阿蘇有許多精美別致的咖啡廳散布在田園之間。
不妨就在這般舒適的空間放鬆心情，享受片刻的怡然自得吧。

以英國鄉村風為意象
充滿少女情懷的空間

1 寬敞舒適的店內 2 坐落在綠茵盎然的雜木林間

韻味十足的日本家屋
感覺像是來到了朋友家般

1 設有地爐的和風空間。窗外則是一整片的綠意 2 擁有氣派大門的獨棟住宅

南阿蘇

のほほんかふぇ ぼわじょり

のほほんcafé ボワ・ジョリ

簡單美味的手作甜點

佇立於小森林中的咖啡廳，店內以漂流木、蕾絲、玻璃等裝飾而成。從窗戶就能望見春天的新綠、夏天的枝繁葉茂、秋天的紅葉和冬天的雪景，隨著四季遷移享受不同的景色。以自家製的食材為主，蛋糕皆為純手工製作。

☎0967-67-3016 🏠南阿蘇村河陰409-5 🕐11時30分～17時 🈺週四、五（逢假日則照常營業）🚃熊本站搭JR豐肥線56分，立野站轉乘南阿蘇鐵道32分高森站下車，搭產交巴士ゆるっとバス久木野路線24分，久木野庁舍前下車步行15分 🅿6輛
MAP P124C4

▲外皮酥脆的有機全麥麵粉司康600日圓

這些也很推薦
・野餐午餐 1300日圓
・ボワ・ジョリ風高菜飯 1300日圓
・咖啡 500日圓

南阿蘇

うさぎのちゃのま

うさぎの茶の間

天然、無多餘添加物的美味甜品

擁有木質溫暖氛圍的美麗日本家屋。外露的屋樑、土牆、下嵌式暖爐桌及地爐，在舒適的和風空間裡能品嘗到口感滑順的戚風蛋糕、以庭院摘採的艾草製成的白玉湯圓等。口感溫和的手作甜品，讓人吃在嘴裡暖到心坎裡。

☎0967-62-3329 🏠高森町上色見2889 🕐11～17時 🈺週一、二（逢假日則翌日）🚃南阿蘇鐵道高森站車程10分 🅿15輛
MAP P125E3

▲口感濕潤的戚風蛋糕300日圓

這些也很推薦
・手沖咖啡 400日圓
・咖啡歐蕾 500日圓
・艾草白玉湯圓 300日圓
・鹹派盤餐（附飲料）780日圓

美味的湧水

每分鐘湧出水量高達60噸的「白川水源」。水質乾淨、口感柔軟圓潤，讓人驚豔。

☎0967-62-0318（白川水源管理協會）**MAP** P125D4

在昭和初期的洋裁學校空間內以法國雜貨營造氛圍

1 融合日本與法國古老元素的店內
2 綠意環繞的閒靜空間

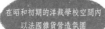

北阿蘇
かふぇ てぃあんてぃあん

cafe Tien Tien

清爽口感的絕品甜點

木框窗、褪色的樑柱等改裝自昭和初期洋裁學校建築的店內，擺設著法國製雜貨以及有溫度的家具。能在沉穩的空間氛圍中品味使用講究食材製作的烤布蕾，不曾過甜的優雅風味，搭配嚴選咖啡豆沖泡的咖啡最對味。

☎080-6406-8133 **住**阿蘇市一の宮町宮地3204 **時**11～18時 **休**週三、四 **交**JR熊本站搭JR豐肥線1小時40分，宮地站下車步行15分 **P**3輛 **MAP** P125D2

▲覆盆子烤布蕾648日圓（前方）

這些也很推薦

・咖啡 540日圓
・特製鮮蔬盤餐 1620日圓
・南瓜乳酪蛋糕 648日圓

好想私藏的秘密基地可感受森林微風的露台

1 被青蔥樹林包圍的露天座 **2** 白牆壁×紅門令人印象深刻

南阿蘇
スプートニク

sputnik

讓人滿足的果醬&司康

穿越樹林隧道的森林小徑後，眼前突然出現一間帶著紅色門的可愛小店。有以粉類、砂糖等精選材料烘焙的司康還有使用縣內產水果製成的果醬，可坐下來在店內享用或是外帶也行。晴天時能感受森林微風輕拂的露天座是最佳首選。也售有以旅遊為主題的雜貨。

☎096-279-4341 **住**西原村小森2347-4 **時**11～18時 **休**週四、五 **交**JR高森站步行1分的產交巴士高森中央搭往西部車庫方向37分，萌の里、俵山登山口下車步行20分 **P**3輛 **MAP** P124B3

▲司康350日圓，搭配季節果醬一起享用

這些也很推薦

・咖啡 400日圓
・花草茶 430日圓

 sputnik店內有規劃以旅遊為主題的雜貨區。漂亮的筆記本和明信片等商品，也很適合當伴手禮送人。

先抵達各目的地的門戶

前往湯布院的門戶是「大分（別府）」，前往黑川、阿蘇的門戶是「熊本」。
從本州各地過來的話，也可利用全九州的門戶「福岡機場」。

從各地前往湯布院、別府、黑川、阿蘇的門戶

從東京	羽田機場	✈ ANA・JAL・SKY・SFJ／1天55班 1小時50分／37990日圓（SKY 22500日圓、SFJ 36790日圓）			福岡機場
		✈ ANA・JAL・SNA／1天14班 1小時35分／36890日圓（SNA 33790日圓）			大分機場
		✈ ANA・JAL・SNA／1天18班 1小時40分／37990日圓（SNA 34790日圓）			阿蘇熊本機場
	東京站	🚄 新幹線「のぞみ」 6小時20分／25320日圓	小倉站轉乘	JR特急「ソニック」／1小時2班	別府站
		🚄 新幹線「のぞみ」 6小時／27120日圓	博多站轉乘	新幹線「みずほ」「さくら」「つばめ」／1小時2～4班	熊本站
從名古屋	中部機場	✈ ANA・IBX・SFJ／1天10班 1小時20分／26410日圓（IBX 25410日圓、SFJ 25910日圓）			福岡機場
		✈ IBX・ANA／1天2班 1小時15分／24610日圓（ANA 25610日圓）			大分機場
		✈ ANA／1天3班 1小時20分／30310日圓			阿蘇熊本機場
	小牧機場	✈ FDA・JAL／1天5班 1小時20分／20550日圓（JAL 26100日圓）			福岡機場
		✈ FDA・JAL／1天2班 1小時20分／29500日圓（JAL 30000日圓）			阿蘇熊本機場
	名古屋站	🚄 新幹線「のぞみ」 4小時35分／20150日圓	小倉站轉乘	JR特急「ソニック」／1小時1～2班	別府站
		🚄 新幹線「のぞみ」 4小時15分／22600日圓	博多站轉乘	新幹線「みずほ」「さくら」「つばめ」／1小時2～4班	熊本站
從大阪	伊丹機場	✈ ANA・JAL・IBX／1天13班 1小時10分／22500日圓（IBX 21500日圓）			福岡機場
		✈ ANA・JAL・IBX／1天7班 1小時／19900日圓（IBX 18900日圓）			大分機場
		✈ ANA・JAL・AMX／1天10班 1小時05分／24200日圓（AMX 1小時35分／17500日圓）			阿蘇熊本機場
	關西機場	✈ ANA・APJ・JJP／1天5～7班 1小時10分／22500日圓（APJ3790日圓～、JJP 4490日圓～ 手續費另計）			福岡機場
	新大阪站	🚄 新幹線「のぞみ」「みずほ」 3小時40分／17480日圓	小倉站轉乘	JR特急「ソニック」／1小時1～2班	別府站
		🚄 新幹線「みずほ」「さくら」／みずほ=1天6班、さくら=1小時1～2班 みずほ=3小時／18850日圓、　さくら=3小時20分／18540日圓			熊本站

※所需時間是大致上的參考數字，不同的班次會有所差異。此外，需要轉乘的火車路線，包含轉乘時間在內。
※機票的價格列出的是平常時間的單程，含日本國內線旅客設施使用費（羽田、中部）在內。
※火車票價，是乘車券（單程）和搭乘普通車指定席的新幹線、特急費用（平時）的合計金額。

※本書刊載的交通方式所需時間，都只是作為參考之用，請務必注意。

行程安排的提要

首先前往旅遊地的門戶

飛機可搭到福岡、大分、熊本各機場
鐵路可坐到別府、由布院、阿蘇各車站
從全國各地都有航班飛福岡機場，還有直達高速巴士前往湯布院、別府、大分、黑川、熊本。從關西過來搭新幹線也很方便，到熊本可搭みずほ・さくら直達，到別府則需在小倉轉乘特級ソニック。

要選哪種交通工具？

飛機會取決於航班數和價格的考量
若從關西過來鐵路也是推薦選項之一
飛機方面，大型航空公司和廉價航空在服務和價格上的差異性很大。另外，廉價航空的班次有限，必須考慮行程謹慎選擇。從關西過來的話，搭乘車班多、有自由座的新幹線是最佳方式。

划算機票、車票？

請確認有無早鳥優惠、特別優惠的機票
JR的「火車＆租車」方案也很方便
大型航空公司會推出旅遊優惠、早鳥優惠或特別優惠、特別航班優惠等，越早預約價格就越便宜。廉價航空可先上網比較各家公司和航班，搜尋最便宜的價格。來回JR票有提供折扣的「火車＆租車」也很划算。

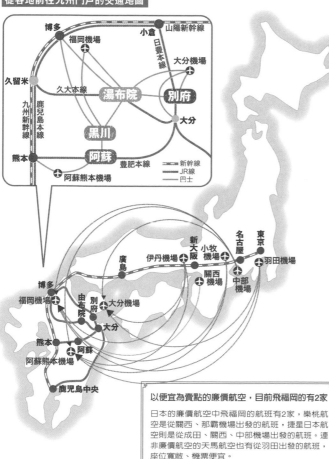

從各地前往九州門戶的交通地圖

博多　福岡機場　小倉　山陽新幹線
日豐本線　大分機場
久留米　久大本線　湯布院　別府
九州新幹線　鹿兒島本線
黑川　大分
阿蘇
熊本　豐肥本線
阿蘇熊本機場

　　新幹線
　　JR線
　　巴士

新大阪　小牧機場　名古屋　東京
廣島　伊丹機場　　　　羽田機場
關西機場　中部機場

博多　福岡機場　由布院　別府　大分機場
大分
熊本　阿蘇
阿蘇熊本機場
鹿児島中央

以便宜為賣點的廉價航空，目前飛福岡的有2家

日本的廉價航空中飛福岡的航班有2家，樂桃航空是從關西、那霸機場出發的航班，捷星日本航空則是從成田、關西、中部機場出發的航班。連非廉價航空的天馬航空也有從羽田出發的航班，座位寬敞、機票便宜。

☎ 洽詢一覽

航空公司
- ●ANA（全日空）
  ☎0570-029-222
- ●JAL（日本航空）
  ☎0570-025-071
- ●IBX（IBEX航空）
  ☎06-7637-6688
- ●SNA（亞洲天網航空）
  ☎0570-037-283
- ●SKY（天馬航空）
  ☎0570-051-330
- ●SFJ（星悅航空）
  ☎0570-07-3200
- ●FDA（富士夢幻航空）
  ☎0570-55-0489
- ●AMX（天草航空）
  ☎0969-34-1515
- ●APJ（樂桃航空）
  ☎0570-200-489
- ●JJP（捷星日本航空）
  ☎0570-550-538

鐵道公司
- ●JR東海
  ☎050-3772-3910
- ●JR西日本
  ☎0570-00-2486
- ●JR九州
  ☎050-3786-1717

巴士公司
- ●西鐵巴士
  （洽詢）☎0570-00-1010
  （預約）☎092-734-2727
- ●日田巴士
  ☎0973-22-7681
- ●龜之井巴士
  （洽詢）☎0977-23-0141
  （預約）☎0977-25-3220
- ●大分交通
  （洽詢）☎097-534-7455
  （預約）☎097-536-3655
- ●大分巴士
  （洽詢）☎097-532-7000
  （預約）☎097-536-3371
- ●九州產交巴士
  （洽詢）☎096-325-0100
  （預約）☎096-354-4845

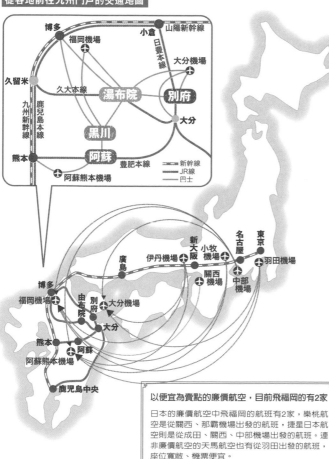

旅遊資訊 ● 前往各目的地門戶的交通方式

往湯布院、別府、黑川、阿蘇移動

抵達各門戶後，接下來就要往目標地區移動。
前往各目的地的交通方式以巴士為主。往湯布院、別府、阿蘇時也可利用鐵道。

從門戶前往各地區

往湯布院 → 由布院站前BC

福岡機場（國際線T）
🚌 日田巴士・龜之井巴士 《ゆふいん號》[預約制] ／1天11班
1小時39分／2880日圓　可從國內線廈前搭免費連絡巴士前往國際線航廈

大分機場
🚌 大分交通・龜之井巴士 ／1天6班
55分／1550日圓

阿蘇熊本機場
🚌 九州產交巴士 《九州橫斷巴士》[預約制] ／1天2班
4小時04分／3140日圓 （其中1班3小時22分）

博多BT
🚌 日田巴士・龜之井巴士 《ゆふいん號》[預約制] ／1天9班
2小時20分／2880日圓

別府站西口
🚌 龜之井巴士 ／1天13～18班
52分／900日圓

熊本站前
🚌 九州產交巴士 《九州橫斷巴士》[預約制] ／1天2班
4小時57分／3550日圓 （其中1班4小時15分）

博多站 → 由布院站
🚆 JR特急「ゆふいんの森」「ゆふ」／1天6班
2小時10分／4550日圓

往別府 → 別府北濱

大分機場
🚌 大分交通 ／1天27班
45分／1500日圓

博多BT
🚌 西鐵巴士・日田巴士・龜之井巴士 《とよのくに號》[預約制] ／1天20班
2小時40分／3190日圓

博多站 → 別府站
🚆 JR特急「ソニック」「にちりんシーガイア」／1小時2～3班
2小時05分／5560日圓

往黑川溫泉 → 黑川溫泉

福岡機場
🚌 日田巴士・九州產交巴士　高速巴士[預約制] ／1天2班
2小時23分／3090日圓

阿蘇熊本機場
🚌 九州產交巴士 《九州橫斷巴士》[預約制] ／1天3班
2小時29分／1750日圓 （其中1班1小時47分）

博多BT
🚌 日田巴士・九州產交巴士　高速巴士[預約制] ／1天2班
3小時03分／3090日圓

別府站前（站前本町）
🚌 九州產交巴士 《九州橫斷巴士》[預約制] ／1天1班
2小時26分／2370日圓

熊本站前
🚌 九州產交巴士 《九州橫斷巴士》[預約制] ／1天3班
3小時22分／2060日圓 （其中1班2小時40分）

往阿蘇 → 阿蘇站前

阿蘇熊本機場
🚌 九州產交巴士・大分巴士 《特急やまびこ號》 ／1天7班
49分／980日圓

熊本站前
🚌 九州產交巴士・大分巴士 《特急やまびこ號》 ／1天7班
1小時36分／1250日圓

大分（トキハ前）
🚌 大分巴士・九州產交巴士 《特急やまびこ號》 ／1天7班
2小時07分／2110日圓

別府站前（站前本町）
🚌 九州產交巴士 《九州橫斷巴士》[預約制] ／1天1班
3小時14分／2980日圓

熊本站 → 阿蘇站
🚆 JR特急「九州橫斷特急」／1天4班（週六、日和尖峰期，特級「あそぼーい!」1天2班）
1小時10分／2240日圓

※T＝線站、BC＝巴士中心、BT＝巴士總站　　※所需時間是大致上的參考數字，不同的班次會有所差異。
※火車票價，是乘車券（單程）和搭乘普通車指定席的特急費用（平時）的合計金額。

當地移動的秘訣

前往主要的觀光景點？

當地的移動手段以巴士為主
依區間有時也可利用鐵路
連結各門戶機場和車站與目標地區間的巴士車班還算頻繁，但前往各地區觀光景點的巴士就沒有這麼方便了。博多～由布院～大分～別府間和熊本～阿蘇～大分～別府間也能搭乘JR特級，可用於地區間的移動。

推薦的當地移動方式？

展望視野良好的觀光列車
和九州橫斷巴士是最佳選擇
JR觀光特級ゆふいんの森（☞P19）的車廂皆設計成挑高空間，能欣賞到傲的車窗景致。南阿蘇鐵道的小火車ゆうすげ號（☞P103），則可實際感受自然微風的吹拂。能眺望山並高速公路和阿蘇外輪山美景的九州橫斷巴士，也相當推薦。

當地能使用的划算車票？

也能搭乘新幹線的「のんびりきっぷ」和巴士任意搭的「SUNQパス」都很超值從九州內主要車站到由布院站的「ゆふいんのんびりきっぷ」、前往阿蘇地區的「阿蘇のんびりきっぷ」，都很方便又划算。還有幾乎能任意搭乘所有九州內巴士的「SUNQパス」，若只在本書刊載的地區範圍內則購買北部九州版就已經足夠。

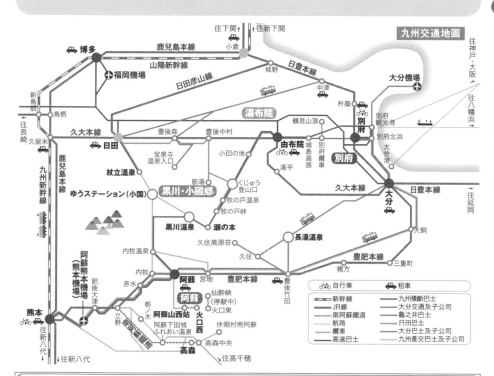

九州交通地圖

旅遊資訊 ● 前往湯布院、別府、黑川、阿蘇的交通

搭乘九州橫斷巴士吧

由九州產交巴士營運、連結熊本和別府間的特級巴士。不僅是從熊本或別府前往黑川溫泉唯一可以直達的交通工具，還能從車窗欣賞阿蘇的外輪山和山並高速公路的雄偉風光。熊本～由布院間1班來回以及別府發車、前往熊本的車班並無行經阿蘇山頂，請注意。也可上「發車オ～ライネット」預約。

▲ 從車窗也能享受阿蘇的壯闊美景

■九州橫斷巴士　所需時間、車資

主要區間	所需時間	車班	車資
阿蘇站前～黑川溫泉	48分	1天3班	990日圓
阿蘇站前～由布院站前BC	2小時23分	1天2班	2370日圓
黑川溫泉～由布院站前BC	1小時35分	1天2班	1750日圓
黑川溫泉～別府站前	2小時26分	1天1班	2370日圓

湯布院、別府、黑川、大蘇的兜風指南

九州內的道路很好開、標識也很完善，所以也很推薦自駕旅遊。
先搭乘飛機或新幹線，再以機場或車站為起點租車也是可行方式。

從可做為起點的機場前往各地

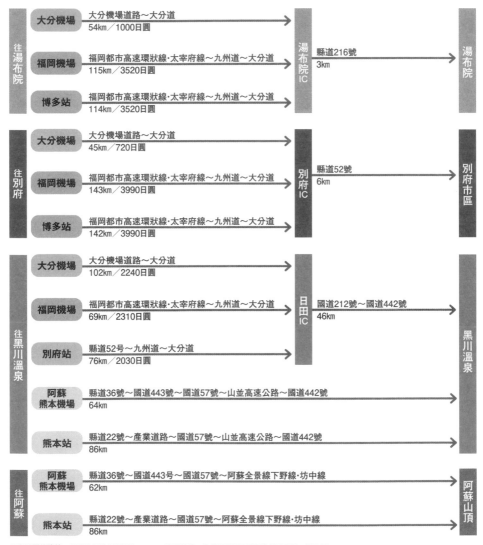

往湯布院

| 大分機場 | 大分機場道路～大分道 54km／1000日圓 | → | 湯布院IC | 縣道216號 3km | → | 湯布院 |

福岡機場 福岡都市高速環狀線・太宰府線～九州道～大分道 115km／3520日圓

博多站 福岡都市高速環狀線・太宰府線～九州道～大分道 114km／3520日圓

往別府

大分機場 大分機場道路～大分道 45km／720日圓

福岡機場 福岡都市高速環狀線・太宰府線～九州道～大分道 143km／3990日圓 → 別府IC 縣道52號 6km → 別府市區

博多站 福岡都市高速環狀線・太宰府線～九州道～大分道 142km／3990日圓

往黑川溫泉

大分機場 大分機場道路～大分道 102km／2240日圓

福岡機場 福岡都市高速環狀線・太宰府線～九州道～大分道 69km／2310日圓 → 日田IC 國道212號～國道442號 46km → 黑川溫泉

別府站 縣道52号～九州道～大分道 76km／2030日圓

阿蘇熊本機場 縣道36號～國道443號～國道57號～山並高速公路～國道442號 64km →

熊本站 縣道22號～產業道路～國道57號～山並高速公路～國道442號 86km →

往阿蘇

阿蘇熊本機場 縣道36號～國道443号～國道57號～阿蘇全景線下野線・坊中線 62km → 阿蘇山頂

熊本站 縣道22號～產業道路～國道57號～阿蘇全景線下野線・坊中線 86km →

※各區間的路線、距離為大致上的數值。　　※高速公路、收費公路的通行費為普通車的一般金額。

從由布院前往各地

從由布院站

| | 縣道216號 3km | → | 湯布院IC | 大分道 24km／800日圓 | → | 別府IC | 縣道52號 6km | → | 別府市區 |

國道210號～山並高速公路～國道442號
48km → 黑川溫泉

國道210號～山並高速公路～阿蘇全景線坊中線
83km → 阿蘇山頂

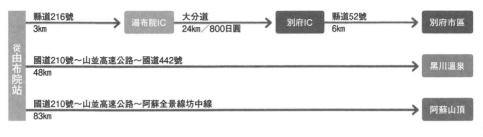

兜風行程的重點

計畫周遊路線的方式？
推薦直接從機場租車
要留意有些車站並無租車服務
機場的租車公司，有時會因營業所離得較遠而需搭乘接駁車。車站租車則只限於主要車站。機場和機場或是車站和車站間皆可甲地租乙地還，但請注意機場和車站間並無法甲地租乙地還。

利用租車時的注意點？
考慮甲地租乙地還的費用
聰明計畫周遊路線
還車時若與辦理租車的機場或車站不同，就必須支付甲地租乙地還的費用。甲地租乙地還的費用每家公司差異很大，請留意。若為包含機票在內的套裝旅遊商品，有時也能省略甲地租乙地還的費用。

辦理租車手續的所需時間？
有的機場營業所會離得較遠
還車時請預留充分的時間
機場大廳就設有租車公司的櫃台。即使取車的營業所離機場較遠，也只需預留1小時就OK。還車時，也要將辦理搭機手續和安全檢查的時間也考量在內，至少在飛機起飛的2小時前抵達營業所。

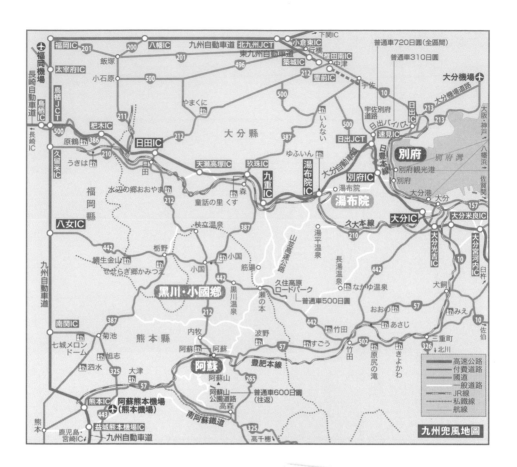

九州兜風地圖

● 推薦「機票＆租車」

上航空公司官網預約機票時，也能同時預約租車。Vitz、Fit之類的S車型24小時7200日圓～（內含免責補償費）。除了ANA外，SNA和SKY也都備有超值的租車方案。

● 善用「火車＆租車」

先上網或電話預約車站租車，即可於JR車站綠色窗口一次購得新幹線車票和車站租車券的系統。S車型12小時6480日圓～（內含免責補償費），同時JR的車票還可享折扣。

● 車站租車　☎0800-888-4892

美味的天然水

熊本是一個有1000處以上湧水的水都。以下也會將也常入選名水百選的大分縣美味天然水一起做介紹。

湯布院溫泉水ゆふいん福万水

從湯布院地下500m處所湧出的溫泉水，硬度3的超軟水喝起來甘甜溫潤。屬於保有溫泉水原始成分、沒有經過加熱的類型，500ml 150日圓。

這裡買得到
道の駅ゆふいん **MAP**P116A3、ゆふいん月燈庵☞P53等

黑川溫泉 巡りん

在久住連山系海拔700m處湧出的礦泉水，富含據說可預防動脈硬化的珪素成份。500ml 130日圓。

這裡買得到
黑川溫泉的商店和旅館、風之舍☞P87

白川水源の水

保特瓶裝白川水源的水，於南阿蘇的湧水群中湧出量和甘甜度名列No.1。為非加熱殺菌產品、含豐富的礦物質，500ml 125日圓。

這裡買得到
物產館「自然庵」**MAP**P125D4、阿蘇白水溫泉「瑠璃」賣店
MAPP125D4

大分方言、熊本方言

大分方言的特徵是語尾會接「っちゃ（ccha）」；熊本方言常會聽到的「～なはる（～naharu）」「～しなっせ（～shinasse）」則是敬語形式。

●大分方言

よだきい（yodaki-）…好累、麻煩
なしか（nashika）…為什麼
えらしい…かわいい
水 …ぶーちゃん（bu-chan）

●熊本方言

たいぎゃ（taigya）.たいが（taiga）…非常
うつくしか（utsukushika）…漂亮
せからしか（sekarashika）…囉嗦、喧鬧
むぞらしか（musorashika）…可愛

祭典・活動

從夢幻到美食、知性，嚴選5個能增添旅遊樂趣的推薦活動。

4月上旬（預定）
別府八湯溫泉祭

2014年剛迎接第100周年的溫泉感謝祭典。屆時市內約100處的溫泉設施都會免費開放，還有扇山火祭等多采多姿的內容。

☎0977-24-2828（別府市觀光協會）
主會場別府市內各地 **MAP**P120A3

5月上旬～中旬
仙醉峽杜鵑花節

當整面山坡或5萬多株深山霧島杜鵑染成粉紅色時所舉辦的祭典，吸引九州一帶眾多觀光客前來造訪、相當熱鬧。

主會場仙醉峽 **MAP**P125D2-3

8月下旬
湯布院電影節

從昭和51年（1976）就開始舉辦的歷史悠久電影節。會前夜祭為期5天期間會依不同主題放映電影，能與製作人直接對談的夜間派對也很讓人期待。

☎097-532-2426 **主會場**湯布院公民館
MAPP118B2

10月的體育節
湯布院談牛肉暨大聲公大會

起源於牛的持有者與飼育農家的交流大會。先享用由布院當地飼養的豐嬌牛烤肉大餐，接著再到大草原上盡情放聲大叫。

☎0977-85-4464 **主會場**並柳牧場
MAPP116B2

每年12月23～24日
別府聖誕煙火節

連續兩天都會與音樂同步施放煙火，每年慣例由1000名小朋友表演的聖誕歌曲大合唱也很令人感動。

☎0977-24-2828
（別府市觀光協會）
主會場スパビーチ **MAP**P120C3

能量景點

從戀愛運到財運、工作運等，只需親臨造訪就能讓運勢上升的5個傳說景點。不妨靜下心來前往參拜吧。

湯布院 大杵社 おおごしゃ

附屬於宇奈岐日女神社的小神社。境內最強的能量景點是拜殿旁邊的杉樹，樹根周圍約14m，樹幹高約35m的巨木，樹齡已超過1000年。

☎無 **住**湯布院町川南746-19
MAPP116B4

湯布院 宇奈岐日女神社 うなぎひめじんじゃ

位於由院盆地南側，祭祀著原本為湖泊的湯布院變成盆地的女神・宇奈岐日女。境內被稱為御神木的杉樹林立，樹齡推測都已超過600年。

DATA☞P44

別府 八幡朝見神社 はちまんあさみじんじゃ

建久7年（1196）創建。位於有別府聖地之稱的朝見地區，為守護別府的總鎮守。彷彿佔據參道般聳立的夫婦杉，相傳只要兩人一起從中間穿過就能常相廝守。

☎0977-23-1408 **住**別府市朝見2-15-19
MAPP120B4

阿蘇 阿蘇神社 あそじんじゃ

為全國約有500間分社的阿蘇神社總社。境內有棵男性往右繞兩圈、女性往左繞兩圈即可獲得良緣的高砂之松，以及傳說神明為了祈願而以額碰碰的許願石等。

☎0967-22-0064 **住**阿蘇市一の宮町宮地3083 **MAP**P125D2

阿蘇 寶來寶來神社 ほぎほぎじんじゃ

地處南阿蘇俵山峠附近的山中，據說是能保佑人們中彩券的神社，以名為當錢岩的巨石為供奉神體。另外，還有斬斷惡緣的布袋神和大龍神等。

☎0967-67-3361 **住**南阿蘇村河陰2909-2
MAPP124C4

湯布院MAP

A　　　　　B　　　　　C

往國道387號
往安心院↑
深見水壩
(679)
湯布院町川上
宇佐市
往安心院↑
P.55 みるく村レ・ビラージュ
塚原牧場

玖珠郡
玖珠町
堀原
安心院町寒水
(617)

1

日出生
▲日向山
▲立石山
四季庵 法光寺卍
元勝寺卍
塚原小⊗

▲秋山
P.55 自然食ゆうど
P.55 ぼこあぼこ
霧嶋神社

▲坂山
(50)
P.55 珈琲 木馬
(616)

匙屋 P.5
(617)

2

▲福万山
由布市

若杉防災水壩
若杉
由布岳(豊後富士)
1583▲

池ノ台
P.115 湯布院啖牛肉藍大聲公大會
並柳牧場

湯布院町川北
ゆふいん月燈庵 P.53
(617)

福萬山隧道
並柳
鳥越 P.26
わたくし美術館

▲湯布高原GC
湯布院町川上
(50)
白滝川
岳本
湯之坪街道 P.24
神崎神社
金鱗湖 P.22

P.36 Bar Barolo
P.50 おやど二本の葦束
旅宿 誰が袖
荒木
乙丸
湯の坪
コナラ
原生林

3

東急湯布高原
P.49 朝霧の
みえる宿
ゆふいん花由
P.45 あーでん
由布の御宿
山もみじ
森木
市役所湯布院庁舍
末田美術館
P.118-119 湯布院街中心區

P.31 椛の丘
由布の彩
おおはし
由布院駅前BC
湯布院福祉センター

P.115 道の駅
ゆふいん
往豊後森↓
湯布院入口
(216)
由布院站
卍明蓮寺
P.52 ゆふいん
フローラハウス

湯布院
スポーツ
センター
湯布院
I.C入口
長田蓮寺
湯布院中
宮川
宮
日野病院前
山里高速自動車道

湯布院
久大本線(ゆふ高原線)
湯布院町川南
山荘
わらび野
P.51
展望喫茶Ban Ban P.29
山のホテル 夢想園 P.48
津江
中原

大分自動車道
由布のお宿 ほたる
光永
ゆずらうめ
大杵社 P.115
雨乞牧場

往日田站↓
往九重
IC往宮地↓
(210)
湯布院町川北
大分川
平
ゆふいん湯めぐりホテル山光園
御宿たまゆら
倉木山▲

4

(11)
桑屋
往湯平↓
湯布院町川西
南由布站
中依
中依

往湯平站↓
ゆふいん時遊館
南由布駅前
卍西蓮寺

A　　　　　B　　　　　C

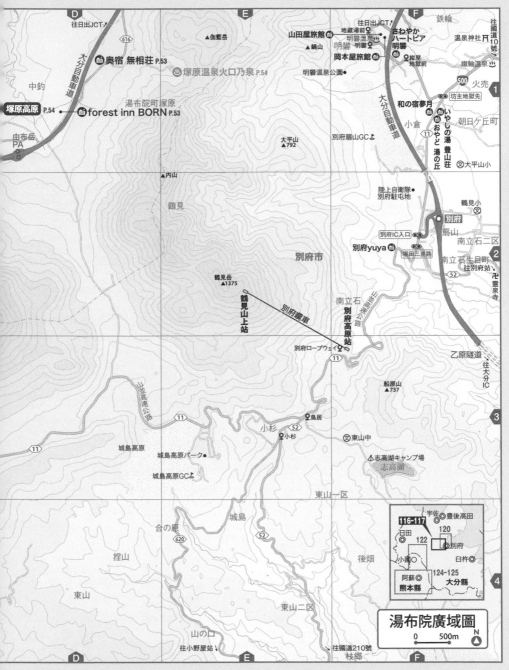

D

E

F

往日出JCT

616

往日出JCT

鉄輪

往國道10號

山田屋旅館

地蔵湯前

明礬温泉

さわやか
ハートピア
明礬

温泉神社

▲伽藍岳

明礬－明礬

岡本屋旅館

大奥宿 無相荘 P.53

塚原温泉火口乃泉 P.54

明礬温泉公園

鐵輪温泉

500 火売

坊主地獄先

塚原高原 P.54

湯布院町塚原

forest inn BORN P.53

和の宿夢月

いやしの湯 朝日ケ丘町

1

大分自動車道

▲鍋山

おやど
湯の丘

豊山荘

大平山小

由布岳
PA

中釣

大分自動車道

▲大平山
792

別府扇山GC

小倉

11

▲内山

鶴見

陸上自衛隊
別府駐屯地

鶴見小

別府

別府IC入口

扇山

南立石二区

別府市

別府yuya

堀田三差路

南立石生目町
往別府站

52

霊泉寺

鶴見岳
▲1375

別府纜車

南立石

別府高原站

別府高原站

乙原隧道、往大分IC

鶴見山上站

別府ロープウェイ

11

船原山
▲737

3

山並高速公路

11

鳥居

小杉

52

東山中

小杉

11

城島高原

城島高原パーク

志高湖キャンプ場

志高湖

城島高原GC

東山一区

合の原

城島

620

52

後畑

116-117

宇佐 豊後高田

120

捏山

日田

122

別府

小國

日杵

東山

阿蘇
熊本縣

124-125

大分縣

東山二区

湯布院廣域圖

山の口

0   500m   N

往小野屋站

往國道210號
枝郷

D

E

F

由布院ハーブガーデン
小鳥のたより

ゆふいん
庄屋の館 P.49

鳥越 P.26

thé théo P.35

théomurata P.26

artegio P.26

杜の湯ふゆいん泰葉

オーベルジュ
楏屋

わたくし
美術館

Murata不生庵
P.44

山荘無量塔 P.47

Tan's bar P.27

匠舗蔵拙 P.27

佐土原

D

E

F

狭霧亭

617

佐土原

湯の坪川

P.27 オーベルジュ・ムスタッシュ

上中島橋

中島

中島橋

P.21
HOMME BLUE CAFE

P.44
原っぱカフェ

湯の坪横丁

1

星降る宿星庵

別荘 今昔庵 P.53

炭火焼 吉一 P.28

湯布院ほてい屋

花麹菊家 P.25

やすらぎ湯の坪横丁 P.25

LINGON cookies&gallery P.25

Cafe
Duo P.45

風紋 P.25

民宿
つたや

岳本

216

湯布院"夢"美術館 P.21
山下清原画展 P.21

chou chou de モネ

igrek chocolat cafe P.35

カトリック教会由布修道院

湯布院
受け月 P.40

吉祥開運亭 無尽蔵 P.53

螢見橋
P.37

九州湯布院
民藝村 P.39

山灯館

湯の坪

岳本

西風和彩食館 夢鹿 P.44

草庵秋桜 P.50

茶寮かすみ草 P.29

菓匠 花より
P.23

由布院寛ぎの宿
なな川

神崎神社

Assorti P.23

CREEKS. 金鱗湖出張所 P.23

夏卡爾湯布院金鱗湖美術館 P.23

カフェ・ラ・リューシュ P.23

夏卡爾美術館 MUSEUM SHOP P.39

夢の湯

仙洞

P.45 下ん湯

岳本共同浴場
(限地區居民)

金鱗湖 P.22

ペンション豊の国

亀の井別荘 P.47

源流橋

天祖神社

湯の岳庵 P.28

Bar山猫 P.37

茶房 天井棧敷 P.21

P.35 naYa

鍵屋 P.38・43

末田美術館
P.44

卍佛山寺

津江

由布院ユウベル

コナラ原生林

2

3

4

P.21
湯の坪横丁

下湯の町横丁

仙

源流川

P.35

往塚原・別府市區

わたくし

1

湯布院中心部

0   150m

歩行約2分

N

往縣道11號

D

E

F

別府廣域圖

0　　　1km

別府站周邊
0　　　　75m
步行約1分　　N

鐵輪溫泉
0　　　　75m
步行約1分　　N

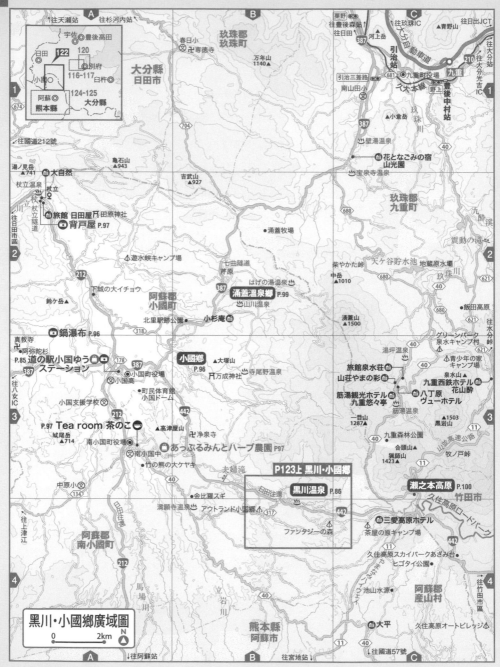

黑川・小國鄉

P.95 平野台高原展望所

田ノ原
田ノ原
田ノ原
往小國

ラウンジ山ぼうし P.90

P123下 黑川溫泉

流憩園
442
日田往還

旅館 山河 P.89
黑川荘 P.94

黑川

滿願寺

旅館奥の湯 P.95
山あいの宿山みず木

旅館 奥の湯 P.95

りんどうヶ丘小

黑川溫泉 P.86

いやしの里 樹やしき P.95

里の湯 和らく P.95

317
アウトランド小國郷

黑川溫泉
黑川

黑川バイパス
442

小田

離れ宿 山咲 P.98

往満願寺温泉

小田温泉

下鶴

ファンタジーの森

P.98 静寂な森の宿 山しのぶ

小田温泉

奥満願寺温泉

旅館藤もと

白川入口

熊本縣
阿蘇郡
南小國町

白川

白川溫泉
華匠庵

0　　300m　N
歩行約4分

白川溫泉

小
田
川

吉原

往瀬之本高原、竹田市區

A B C

黑川、小國鄉ＭＡＰ●黑川、小國鄉廣域圖／黑川、小國鄉／黑川溫泉

黑川溫泉

黑川溫泉 旅館 壱の井

0　　75m　N
歩行約1分

豊のたけ坂

雑貨 来風 P.93

いご坂 P.87

つけものやかふぇ平野屋 P.91

お宿のし湯

和風旅館美里 P.89

黑川

さくら通り

つけものやのおつけもの P.93

黑川駐在所

P.92 ふくろく

下川端通

後藤酒店 P.93

滿願寺

風之舎 P.87

旅館にしむら

P.91 パティスリー籠

地蔵堂 P.87

P.94 ふもと旅館

南城苑

やまびこ旅館

地蔵湯

南城苑（足湯）P.87

いこい旅館 P.88・92

P.93 まるしょう

べっちん坂 P.87

御客屋

湯峡の響き優彩

田の原川

旅館やまの湯

穴湯

ふじ屋

黑川橋

やまびこ旅館

山の宿新明館

上川端通

瀬の本館夢龍胆

P.87 川端通

丸鈴橋 P.87

旅館わかば P.88・92

往小國

わろく屋 P.90

白玉っ子甘味茶屋 P.91

442
九州歴史街道

あじさい通り

黑川溫泉
442

往竹田市區

A B C

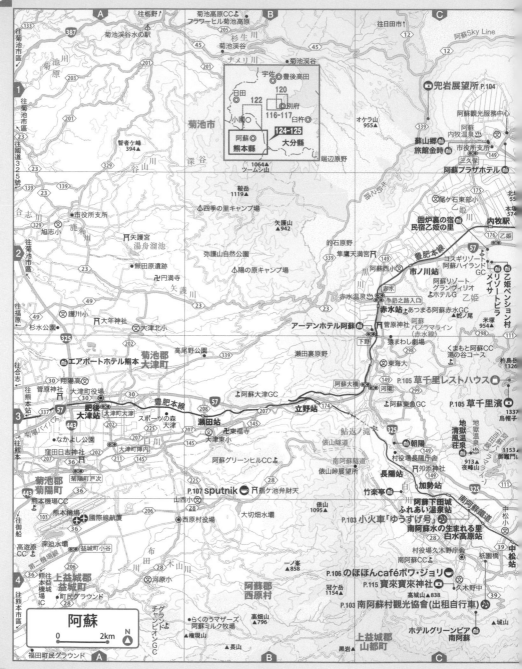

觀光景點 遊樂景點 餐廳、餐飲店 咖啡廳、喫茶 居酒屋、BAR 伴手禮店、商店 住宿設施 純泡湯

【 叩叩日本系列 5 】

湯布院 別府
阿蘇 黑川溫泉

作者／JTB Publishing, Inc.
翻譯／許懷文
編輯／甘雅芳、馬佩瑤
發行人／周元白
出版者／人人出版股份有限公司
電話／（02）2918-3366（代表號）
傳真／（02）2914-0000
網址／http://www.jjp.com.tw
地址／23145 新北市新店區寶橋路235巷6弄6號7樓
郵政劃撥帳號／16402311 人人出版股份有限公司
製版印刷／長城製版印刷股份有限公司
電話／（02）2918-3366（代表號）
經銷商／聯合發行股份有限公司
電話／（02）2917-8022
第一版第一刷／2015年7月
定價／新台幣320元

日本版原書名／ココミル湯布院 別府 阿蘇 黑川溫泉
日本版發行人／秋田 守
Cocomiru Series
Title: YUFUIN BEPPU ASO KUROKAWAONSEN © 2014 JTB Publishing, Inc.
All Rights Reserved
First published in Japan in 2014 by JTB Publishing, Inc. Tokyo
Chinese translation rights arranged with JTB Publishing Inc.
through CREEK & RIVER Co., Ltd. Tokyo
Chinese translation copyrights ©2015 by Jen Jen Publshing Co., Ltd.

國家圖書館出版品預行編目(CIP)資料

湯布院·別府·阿蘇·黑川溫泉 / JTB
Publishing, Inc.作 ；許懷文翻譯.
-- 第一版. -- 新北市：人人, 2015.07
面； 公分. --（叩叩日本系列 ；5）
ISBN 978-986-461-001-3（平裝）
1.旅遊 2.日本九州

731.789   104010456

WHH

本書中的各項費用，原則上都是取材時確認過，包含消費稅在內的金額。但是，各種費用還是有可能變動，使用本書時請多加注意。

◎本書中的內容為2014年7月底的資訊。發行後在費用、營業時間、公休日、菜單等營業內容上可能有所變動，或是因臨時歇業等而有無法利用的狀況。此外，包含各種資訊在內的刊載內容，雖然已經極力追求資訊的正確性，但仍建議在出發前以電話等方式做確認、預約。此外，因本書刊載內容而造成的損害賠償責任等，敝公司無法提供保證，請在確認此點之後再行購買。
◎本書刊載的商品僅為舉例，有售完及變動的可能，還請見諒。
◎本書刊載的地圖，在製作方面經過國土地理院長的認可，使用該院發行的50萬分1地方圖及2萬5000分之1地形圖、數值地圖50m網格（標高）。（承認番号平23情使、第192-693号／平23情使、第193-291号）
◎本書刊載的入園費用等為成人的費用。
◎公休日省略新年期間、盂蘭盆節、黃金週的標示。
◎本書刊載的利用時間若無特別標記，原則上為開店（館）～閉店（館）。停止點菜及入店（館）時間，通常為閉店（館）時刻的30分～1小時前，還請多留意。
◎本書刊載關於交通標示上的所需時間僅提供參考，請多留意。
◎本書刊載的住宿費用，原則上單人房、雙床房是1房的客房費用；而1泊2食、1泊附早餐、純住宿，則標示2人1房時1人份的費用。標示是以採訪時的消費稅率為準，包含各種稅金、服務費在內的費用。費用可能隨季節、人數而有所變動，請多留意。
◎本書刊載的溫泉泉質、效能為源泉具備的性質，並非個別浴池的功效；是依照各設施提供的資訊製作而成。

在湯布院享受愉快旅程

●版權所有‧翻印必究●
※本書內頁紙張採敦榮紙業進口日本77g嵩柔紙

叩叩日本
cocomiru ココミル

湯布院 別府
阿蘇 黑川溫泉